天狗芸術論・猫の妙術

全訳注

佚斎樗山
石井邦夫 訳注

講談社学術文庫

目次

天狗芸術論・猫の妙術

全訳注

〔凡例〕

一、本書は、佚斎樗山（一六五九―一七四一）による剣術書『天狗芸術論』と、「猫の妙術」（『田舎荘子』所収）の、原文と現代語訳を一冊にまとめたものである。

一、原文はいずれも、おもに『武道宝鑑』（一九三四年、講談社刊）所収のものを底本とし、享保十四年刊『天狗芸術論』（国会図書館蔵）ほか諸本を参照した。

一、原文は、読みやすさを考慮して、適宜改行を施し、漢字は現行の常用漢字としたほか、送り仮名などの文字遣いや句読点を改めた。ルビは新仮名遣いとした。

一、現代語訳にあたっての参考として、注を付した。注には若干の重複もある。

天狗芸術論

巻之一

【原文】

大　意

人は動物なり。善に動かざる時は必ず不善にうごく。此《この》念此《ここ》に生ぜざれば彼《かの》念かしこに生ず。種々転変して止まざるものは人の心なり。吾が心体《しんたい》を悟つて直《じき》に自性《じしょう》の天則《てんそく》(1)にしたがふことは、心術(2)に志《こころざし》深く学の熟せるにあらずんばあたはざる所なり。故に聖人《せいじん》(3)初学の士において、専ら六芸《りくげい》(4)を教へて先《ま》づ其《その》器物《うつわもの》をなし、此より修して大道《だいどう》の心法(5)に原《たず》ね入らむことをほつし給ふ。

幼年の時より六芸に遊ぶときは、心主とする所あつて、自ら鄙倍《ひばい》の辞気《じき》(6)に遠ざかり、玩物戯遊《がんぶつぎゆう》(7)の此心を淫するなく、放僻邪侈《ほうへきじゃし》(8)の此身を危ふするなし。外には筋骨の束《つか》ねを固くして病を生ずる事なく、内には国家の備へと成つて其の禄を徒《むな》しくせず。達して心術を証する時は大道の助けとなる。一芸小さきなりとして是《これ》を軽んずる事

なかれ。亦《また》芸を以て道とする誤りあることなかれ。(9)

【訳文】

人は動物である。善いことをしようとしていない時は、必ず善くないことをしようとする。ある思いが生じていない時には、必ず何か別の思いが生じている。さまざまに変転して止まないのが人の心である。

自分の心の本体を見極め悟って、そこに本来備わっている自然の法則にまっすぐに従うことは、心術への思い入れが深く、学問に習熟している人でなければできないことである。だから聖人（知徳の最もすぐれた人）は、初学の人に対しては、もっぱら礼儀、音楽、弓術、馬術、読み書き、算数という六芸《りくげい》を教えてまずその基礎をつくり、そのような修養を積んでから大道の心法を探求しはじめることを望むのである。

幼年のころから六芸に親しんでいる場合は、心を大切にするようになり、自然と卑しい言葉づかいから遠ざかり、玩具や遊びに夢中になることもなく、勝手気ままに心がねじけて身を危うくするようなこともない。身体は筋骨を鍛えて病気をすることもなく、心に思うことは国家のために尽くしてその禄を無駄にしないということである。

芸において達すべきところに達して心術を自証したときには、その心術は大道の心法のための助けとなる。一芸は小さなものだなどといって、これを軽視するようなことがあってはならない。また芸を道と解釈するような誤りがあってはならないのである。

【注】

（1）自性の天則…自性《じしょう》は本来的に備わっている性質。天則は天然の原則、自然の法則。

（2）心術…「武芸」は剣術の技をいうのに対し、「心術」は剣術の精神面をいう。また、本書の題名にある「芸術」は、もともとは、技芸と学術を意味するが、本書では主に武芸と心術の意味で使用されている。

（3）聖人…知徳が最もすぐれ事理に通達した人。道家では無為自然の道を体得した人をいうが、ここでは儒家の理想とする人物、堯《ぎょう》、舜《しゅん》、禹《う》、湯《とう》、文王《ぶんおう》、武王《ぶおう》、周公《しゅうこう》、孔子《こうし》などをさす。

（4）六芸…中国で周の時代以降、士以上の身分の者の必須科目とされていた六つの技芸、すなわち、礼・楽・射（弓術）・御（馬術）・書・数をいう。

（5）心法…大道における心の持ち様。一芸における心の持ち様である心術と使い分けている。

（6）鄙倍の辞気…鄙倍は、いやしくして理に背くこと。倍は背くの意。辞気は、言葉づかい。

（7）玩物戯遊…玩物は無用の物をもてあそぶこと。転じて小児のおもちゃの意もあり。戯遊はたわむれあそぶこと。

（8）放僻邪侈…ほしいままにして心がねじけること。

（9）芸を以て道とする誤りあることなかれ…これは一見「剣道」の思想と矛盾するようにも見えるが、そうではなく、その前に「達して心術を証する時は大道の助けとなる」とあるように、剣術で得た精神が人間としての生き方を考えるうえで役に立つといっている。剣術で得た心術を基礎に大道の心法を探求する、それこそ「剣道」の思想と一致するところであろう。

【原文】

一、剣術者あり。曾《かつ》ておもへらく、古《いにし》へ源《みなもとのよしつね》義経の牛若丸《うしわかまる》といひし時、鞍馬《くらま》の奥に入つて大小の天狗と参会し剣術の奥意《おくい》を極めて後、美濃《みの》の国赤坂《あかさか》の宿(1)において熊坂《くまさか》といふ強盗に出合ひ、牛若一人にて大勢の悪盗どもを追払ひ、熊坂を討ち留め給ふといひ伝へたり。我此《この》道に志《こころざし》深く修行し、年ありといへ共未だその奥意を極めずして其こころ充たざる所あり。我も亦《また》山中に入り天狗に逢つて此道の極則《ごくそく》(2)を伝へんと夜中ひとり深山《みやま》の奥に入り石上に坐して観念し、天狗をよぶ事数声、毎夜かくのごとくすれ共答ふる者なし。

或夜《あるよ》山中風起つて物すさまじき折ふし、色赤く鼻高く、つばさ生じてけしからぬすがたなる者、幾人といふこともなく雲中にてたたき合ふ。其こゑおびただしく聞ゆ。暫《しばら》くあつてみな杉の梢《こずえ》に坐して、一人の曰く。(3)

理に形なし、器によつて其用あらはる。器なければ其理見るべからず。太極《たいきょく》(4)の妙用《みょうよう》(5)は陰陽の変化によつてあらはれ、人心の天理《てんり》(6)は四端《したん》(7)の情によつてあらはる。剣術は勝負の事《わざ》なりといへども、其極則に及んでは心体自然《しんたいじねん》(8)の妙用にあらずといふ事なし。

然《しか》れども初学の士にはかに此《ここ》に至ることかたし。故に古人《こじん》の教へは形の自然にしたがつて、縦横順逆《じゅうおうじゅんぎゃく》のわざを尽し、易簡《いかん》にして強《し》ふることなく、筋骨の束《つか》ねを正し、手足のはたらきを習はし、用に当り変に応ずるのみ。

事《わざ》に熟せざれば、心剛《ごう》なりといへども其用に応ずることあたはず。事《わざ》(9)は気を以て修す。気は心(10)を載せて形を使ふものなり。故に気は生活して滞《とどこお》ることなく、剛健にして屈せざるを要とす。事《わざ》の中に至理《しり》(11)を含んで器の自然に叶《かな》ふ。事《わざ》の熟するにしたがつて気融和し、其《その》ふくむ所の理おのづからあらはれ、心に徹してうたがひなきときは、事理《じり》一致にして気収まり、神定まつて応用無礙《おうようむげ》(12)なり。是古への芸術修行の手段なり。故に芸術は修錬を要とす。事《わざ》熟せざれば気融和せず、気融和せざれば形したがはず、心と形と二つに成りて自在をなすことあたはず。

【訳文】

一、一人の剣術者がいて、彼はかつてこんなふうに思ったことがある。昔、源義経《みなもとのよしつね》がまだ牛若丸《うしわかまる》といっていた頃、鞍馬《くらま》の山奥に入って大小の天狗達と会い、剣術の奥義を極めた後、美濃《みの》の国の赤坂《あかさか》の宿で熊坂《くまさか》という強盗に出合い、牛若丸ひとりで大勢の悪盗どもを追い払い、熊坂を討ち果たしたと言い伝えられている。わたしはこの道に深く志し、修行して何年にもなるが、未だその奥義を極めておらず、心が満たされていない。わたしもまた山中に入り、天狗に逢ってこの道の究極の原理を伝授してもらおう。そういうことで彼は夜中にひとりで深山《みやま》の奥に入り、石の上に坐して覚悟を固め、幾度も天狗に呼びかけた。毎夜このようにしたけれども、誰も答える者はいなかった。

ところがある夜、山中に風が起こってすさまじい状況のときに、顔の色が赤く、鼻が高く、つばさの生えた異様な姿の者達が幾人も雲の中で叩き合っており、その声はおびただしいものであった。

しばらくすると、彼等はみな杉の木の梢《こずえ》に坐り、そのうちの一人がこう言った。

原理に形はない。それを容《い》れる器によってその作用が現れるのである。だから、器がなければ、そのような原理は見ることができない。宇宙の根本原理の不思議な作用は陰陽の変化によって現れるし、人の心の根本原理ともいえる仁・義・礼・智は、それらの端緒となる四《し》端《たん》の情、すなわち、惻隠《そくいん》の情、羞悪《しゅうお》の心、辞譲《じじょう》の心、是非《ぜひ》の感覚によって現れるのである。剣術は勝負の技であるとはいっても、その究極の原理に至れば、それは人の心と体に本来そなわった機能の絶妙のはたらきに他ならない。

しかしながら、初学の人が直ちにこの段階に達することはむずかしい。したがって、古人の教えは、体の本来の性質にしたがいつつ、縦横順逆さまざまに技を尽くして、安易に強制することなく、筋骨を鍛え、手足のはたらきを習熟させ、必要なときに変化に対応するということのみである。

技に習熟していなければ、いくら心が剛であるといっても、その心の働きに応えることはできない。技は気によって修練する。気は心の働きに応じて体を使うものである。だから、気は生き生きと活動して停滞することなく、剛健で屈しないことが肝要である。技の中には至極もっともな道理が含まれており、それが器（人の心と体）に本来そなわった機能と合致するのである。技に習熟するにつれて気が技と融和し、技にふくまれる原理がおのずから現れるようになり、それが心に徹して疑いもなくなった時には、原理と事実が一致して気が収まり、精神が安定して技の応用に支障がなくなる。これが昔の武芸心術修行の方法であった。だから、武芸心術は修練することが肝要である。技に習熟しなければ気と融和しないし、気と技が融和しなければ体は気にしたがわず、心と体がばらばらになってしまって自由自在に動くことはできない。

【注】

（1）赤坂の宿…岐阜県大垣市赤坂町。中山道の宿駅。

（2）極則…極は最上の原理。則は法《のり》、天理の意。

（3）理に形なし、器によつて其用あらはる…朱子学の表現で、当時はかなり一般的な表現であったらしい。器とは人の心と体を指す。
（4）太極…宇宙の根本義。
（5）妙用…不思議な作用。
（6）天理…天然自然の道理。原理。ここにいう「人心の天理」は仁・義・礼・智を意味している。
（7）四端の情…四端は『孟子』公孫丑《こうそんちゅう》章句上篇中の記述で、そこで孟子は弟子の公孫丑におよそ次のように説いている。すなわち、惻隠《そくいん》（あわれむ）の心は仁の端緒であり、羞悪《しゅうお》（不善を恥じ憎む）の心は義の端緒であり、辞譲《じじょう》（譲る）の心は礼の端緒であり、是非《ぜひ》（物事の是と非を見分ける）の心は智の端緒である。自分にこのような四つの端緒があることを自覚している者は、それを自分の中で大切に育てることを知れば、成果が上ると。
（8）自然…おのずからそうあること。本来そうであること。
（9）気…ここでは力、勢い、活力を意味する言葉として使われている。武術の場合、気は技（動作）を起動・制御する力であり、また対峙する相手を圧倒する気迫である。相撲の立ち合いなどはそのわかりやすい事例。現代風にいえば、気は小脳・脳幹・神経の働きである。
（10）心…人の精神作用のこと。つまり、大脳の働きである。大脳の働きを制御するものは大脳以外にない。それには普段からの自分の考えの整理が必要になる。例えば、剣道の試合で「平常心を保つ」という問題がそれである。
（11）至理…至極もっともな道理。
（12）応用無礙…応用無碍。応用に支障がないこと。

【原文】

一、亦《また》一人曰く。

刀は切る物なり。鑓《やり》は突く物なり。此外何の所作《しよさ》をか用ひん。夫《それ》形は気に従ひ気は心にしたがふ。心動ぜざる時は気動ずることなく、心平らかにして物なき時は気もまた和して之《これ》にしたがひ、事《わざ》自然に応ず。心にものあるときは気塞《ふさ》がつて手足其用に応ぜず。事《わざ》に心を住《とど》むるときは気此《ここ》に滞《とどこお》つて融和せず。心を容《いれ》て強《つよ》む時は其跡虚《そのあときよ》にして弱し。意を起して活《かつ》するときは、火を吹き立て薪《たきぎ》の尽くるがごとし。気先だつときは燥《かわ》き、しまる時は凝る。己を守り待つて応ぜんとすれば、見合《みあわ》せといふものになつて、みづから己を塞《ふさぎ》て一歩も進むことあたはず、却《かえ》つて敵のために弄《ろう》ぜらる。懸《かかる》の中の待《まつ》、待《まつ》の中の懸《かかる》(1)などいふことあしく心得れば、意にわたりて大いに害あり。ここを防ぎかしこに応ぜんとする中に、無手《むて》にして健なる者にあうて叩立《たたきた》てられ、請太刀《うけだち》になりて、打出す事あたはざる者多し。之みな意にわたるゆゑなり。

かの無手なる者は応用の所作をもしらず、爰《ここ》を防ぎかしこを打たんとする心もなく、生れつきたるすくやか者ゆゑに、何の惧《おそ》るることもなく、人を虫とも思はねば、心を容《いれ》て強《つよ》むこともなく、凝ることもなく、しまることもなく、待つこともなく、ひかふることもなく、うたがふ事もなければ動ずることもなく、向ひたるままにて思慮を用ふることなく、心気ともに滞ることなし。是《これ》世間に称する所の大形の兵法者より気の位は勝《すぐ》れたる所あり。然れども是を以て善とするにはあらず。彼は大水《たいすい》の推し来る勢《いきおい》の如《ごと》く滞りなしといへども、暗くして血気に任せて無心なるものなり。

剣術は心体自然の応用にして、往《ゆ》くに形なく来るに跡《あと》なし。形あり相あるものは自然の妙用にあらず。僅《わず》かに念にわたるときは気に形あり、敵其《その》形ある所を打つ。心頭ものなきときは気和して平らかなり。気和して平らかなる時は、活達流行《かったつりゅうこう》(2)して定まる形なく、剛《ごう》を用ひずして自然に剛なり。心は明鏡止水《めいきょうしすい》のごとし。意念わづかに心頭に横《よこ》たはる時は、霊明《れいめい》(3)之がために塞《ふさ》がれて自在をなすことあたはず。

今の芸者、心体不動の応用無礙《おうようむげ》自在なる所をしらず。意識の巧《たくみ》を用ひて末の事に精神を費やし、是を以て自ら得たりと思へり。故に他の芸術に通ずることあたはず。芸術は多端なり。曲々《ひとつひとつ》に是を修せば生涯を尽すとも得ること有るべからず。心能《よ》く一芸に徹せば、其他は習はずしてしるべき事なり。

【訳文】

一、また、別の一人がこう言った。

刀は切るものである。槍は突くものである。それ以外にはどんな使い方もしない。そもそも、体は気に従い、気は心に従うのである。心が動揺しないときは気も動揺せず、心が平静で捉われるものがないときは、気もまた和んで心に従い、技も自然に応じる。心にこだわりがあるときは、気がふさがって手足が役に立たなくなる。技に心をとどめるときは、気もそこに滞って融和しない。心を込めて強めようとしても、心がそのことにとらわれ、虚になって弱くなる。意志の力でそれを活性化しようとするのは、火を吹き立てて薪《たきぎ》を燃やし尽くしてしまうようなものだ。気が先立つときは乾き、しまる時は凝《こ》り固まる。自分を守り、待って応じようとすれば、見合いというものになって、自分で自分を閉ざして一歩も進むことができず、かえって敵にもてあそばれる。懸る中の待ち、待つ中の懸りなどということを心得違いすれば、意図的になって大いに害がある。ここを防ぎあそこに応じようとしているうちに、技は未熟ながら健《すこ》やかな者に出合って叩き立てられ、請太刀《うけだち》になって打ち込むことができなくなる者も多い。これはみな意図的になるからなのである。

そのような技の未熟者は応用動作も知らず、ここを防ぎあそこを打とうという意図もなく、生まれつき健やかな者で、何もおそれることなく、人を虫けらとも思わないので、心を込めて強めることもなく、凝り固まることもしまることもなく、待つこともなく、控えることもなく、疑うこともなければ動揺することもなく、ただ向かい合っているままであり、何らの思慮を用いることもなく、心気ともに滞ることがない。これは、世間でいうかなりの兵法者よりも気の位では勝っている所があるということである。しかしながら、これをもってよしとするわけではない。彼の場合は、大水が押し寄せてくる勢いのように滞りがないとはいっても、無知のまま血気に任せて無心なだけなのである。

剣術は心と体に本来備わっている能力の応用であり、どのように動こうともその前に形を生ぜず、跡も残さない。形や様相のあるものは、本来の能力を絶妙に用いたものではない。たとえわずかでも思いを動かすときは気に形が生じ、敵はその形が生じた所を打ってくる。心にとらわれるものがなければ、気も和んで平穏である。気が和んで平穏なときは、活き活きと自由にはたらき、あえて強くしなくとも本来の姿で強い。心は明鏡止水《めいきょうしすい》の如しである。何らかの思いがわずかでも心にとどまれば、心の明知はこのために塞《ふさ》がれて自由にはたらかなくなる。

今の時代の武芸者は、心の本体が物に動ぜず、技の応用に支障がなく、体が自在に動くということを知らない。巧みに知恵を使って末端の事柄に精神を費やし、それで自分が大事なものを得たと思い込んでいる。だから、他の武芸心術に通ずることができないのである。武芸心術は分野が広い。それらを一つ一つ修行したのでは、生涯かけてもそれらすべてを得ることはできないであろう。しかし、心が正しく一芸に徹すれば、その他の武芸は習わなくても知ることができるのである。

【注】

（1）懸の中の待、待の中の懸…懸待一致の意。防御は攻撃のためであり、攻撃はおのずから防御となると説かれている。

（2）活達流行…活達（闊達）は心ひろく小事にこだわらないこと。流行はあまねくゆきわたること。

（3）霊明…心の明らかなさま。

【原文】

一、亦一人曰く。

刀は切る物なり、鑓《やり》は突く物なりといふ、勿論の義なり。然れどもこれ理に過ぎて事《わざ》の用をしらざるものなり。切るに切る事《わざ》あり。突くに突く事《わざ》あり。事《わざ》の用をしらざるときは物に応ずること偏《へん》なり。心剛《ごう》なりといへども形背《そむ》くときは中《あた》るまじき所へあたり、事《わざ》の理違《たが》へば達すべき所へ達せず。吾子《ごし》(1)が言《ことば》の如きは択《えら》んで精《くわ》しからず語つて詳《つまびらか》ならずといふものなり。

心体開悟《かいご》したりとて、禅僧に政《まつりごと》を執らしめ、一方の大将として敵を攻《せめ》むに、豈《あに》よく其功を立てんや。其心は塵労妄想《じんろうもうそう》の蓄へなしといへども、其事《わざ》に熟せざるがゆゑに用をなさず。

且《か》つ弓を引いて矢を放つことは誰もしりたる事なり。然れども、其道に由《よ》らず其事《わざ》に熟せず、みだりに弓を引き矢を発《はな》つときは、能く的にあたり堅きを貫《ぬ》くことあたはず。必ず其志《こころざし》正しくその形直《なお》く、気総身に充ちて生活し、弓の性に悖《さか》ふことなく、弓と我と一体に成り、精神天地に充つるがごとく、引いて彀《やごろ》にみつる時、神定まつて念を動ずることなく、無心にして発《はな》す。はなして後、猶《なお》本の我なり。物に中《あた》つて後、静かに弓をおさむ。此弓道の習ひなり。かくの如くんば遠く矢を送り、よく堅きを貫く。弓矢は木竹を以て作りたるものなりといへども、我が精神かれと一体なるときは、弓に神ありて其妙かくのごとし。

是《これ》意識の才覚を以て得る所にあらず。其理はかねて知るべけれども、心に徹し、事《わざ》に熟し、修錬の功を積むにあらざれば、其妙をうることあたはざる所なり。内に志正しからず、外に体直からざれば、筋骨の束《つか》ね固からず、気総身に充たざれば、強きを引いてたもつ事あたはず、神定まり気生活することなく、私意の才覚を用ひて其道によらず、力を以て弓を押し弦《つる》を引くときは、弓の性にさかつて、弓と我と相争つて二つになり、精神相通ずることなく、却つて弓の力を妨げ、勢を脱《ぬ》く。ゆゑに遠く矢を送つてかたきを貫くことあたはず。

【訳文】

一、また、別の一人がこう言った。

刀は切るものであり、槍は突くものであるという、それは勿論のことである。しかしながら、それは理窟っぽすぎて技のはたらきを知らないものである。切るには切る技があり、突くには突く技がある。技のはたらきを知らないときは、正しく応ずることができない。心が剛《ごう》であっても、体がそれに従わないときは当たってはいけない所に当たり、技が理に適っていなければ届くべき所へ届かない。あなたの言っているようなことは、言葉を択《えら》んではいるが精確ではなく、いろいろ語ってはいるが詳しくはないということである。

心体の悟りを開いたといっても、禅僧に政治を執行させたり、一軍の大将として敵を攻めさせたりしても、どうして功績をあげることができようか。その心に煩悩や妄想が蓄積されていないとはいっても、実務に習熟していなければ役に立たないのである。

それと、弓を引いて矢を放つことは誰でも知っていることである。しかしながら、弓道の正しい方法によらず、技にも習熟しないで、勝手に弓を引き矢を放った場合は、矢が的に当たり堅い板を貫くことはできない。必ず弓を引く人の志が正しく、その形が正しく、気が総身に充ちて生き生きと活動し、弓の本来の性質に反することなく弓と自分が一体となり、弓を引いたときに精神が天地に拡がるように矢頃《やごろ》（的までの空間）に充ちる場合は、精神が定まって何も考えずに無心に矢を放つ。放った後もまた本のままの自分である。矢が的に当たった後、静かに弓を納める。これまた弓道のしきたりである。このようにすれば、矢を遠くへ送り、よく堅い板を貫くことができる。弓矢は木竹で作ったものだといっても、自分の精神が弓矢と一体になるときは、あたかも弓矢に神が宿るかのように、その巧妙さはこのようなものとなる。

これは思考作用のはたらきによって得られるものではない。その理窟はあらかじめ知ることができても、それを心に徹し、技に習熟し、修練によって功績を積み上げていかなければ、そのような巧妙さを得ることはできないのである。内面的には志が正しくなく、外面的には体の姿勢が正しくなければ、筋骨の結束はしっかりせず、気が総身に充ちることもないため強い弓を引いて保つことができない。精神が定まって気が生き生きと活動することもなく、勝手に浅知恵を絞って、弓道の正しい方法によらずにただ力で弓を押し弦《つる》を引くような場合は、弓の本来の性質に反して、弓と自分が相争ってばらばらになり、精神が相通ずることもなく、かえって弓の力を妨げて勢いをなくしてしまう。だから、矢を遠くに送って堅い板を貫くことはできない。

【注】

（1）吾子…あなた。友が相親しく呼び合う呼称。

【原文】

一、日用人事《にちようじんじ》もまたかくのごとし。志《こころざし》正しからず、行ひ直《なお》からざれば、君に事《つか》へて忠なく、父母に事《つか》へて孝なく、親戚朋友に信なし。人侮《あなど》り、衆悪《にく》み、物とならび立つことあたはず。気身体に充たざるときは内に病を生じ、心乏しく、事に当つて惧《おそ》ることあり、屈することあり、大義を立つることあたはず。物の性に悖《さか》ふ時は人情に反《そむ》く。物とはなれて和せざるときは争ひおこる。神定まらざる時はうたがひ多くして事決せず。念動ずる時は内おだやかならず、事を誤ること多し。

【訳文】

一、日々人のなすべき事柄もまたそのようなものである。志が正しくなく、行いが正当でなければ、君主に仕えて忠義はなく、父母に仕えて孝行はなく、親戚朋友と付き合っても信用がない。他人に侮られ、多くの人に憎まれ、人と対等に並び立つことができない。気が身体に充ちていないときは内に病を生じ、心が貧弱で、事に当たって恐れることがあり、くじけることがあって、大義を立てて実行することができない。人の本性に反する場合は人情に背くことになる。人と離れてしまって和合しない場合は争いが起こる。精神が定まらない場合は疑いが多くなって物事が決着しない。心が動揺する場合は内心おだやかではなく、判断を誤ることが多い。

【原文】

一、心動ぜざる時は、気動ずることなく、事《わざ》自然にしたがふといふは、理体《りたい》の本然《ほんぜん》より説《と》き下《くだ》して其標的を示すのみ。事《わざ》を修することは無用の費《つい》えなりといふにはあらず。理は上《かみ》より説き下し、修行は下《しも》より尋ね上《のぼ》ること物の常なり。人心もと不善なし。性に率《したが》つて情欲に牽《ひ》かれざる時は、神困《くる》しむことなく、物に接《まじわ》つて応用無礙《おうようむげ》なり。故に大学の道は在レ明ニ明徳一(1)といひ、中庸には率レ性之謂レ道(2)といふは、其大本の上より説き下して、学者に其標的をしめすものなり。

然れども凡情妄心《ぼんじょうもうしん》の惑ひ深く、気質を変化して直《じき》に自性《じしょう》の霊明にかへることあたはず。是を以て格物致知《かくぶつちち》誠意《せいい》正心《せいしん》(3)の工夫を説き、自反慎独《じはんしんどく》(4)の受用を説いて修行の実地を踏ましむ。是事《わざ》の熟せるをまつものなり。

剣術もまた然り。敵に向つて生を忘れ、死をわすれ、敵をわすれ、我を忘れて、念の動ぜず、意を作《おこ》さず、無心にして自然の感に任《まか》するときは、変化自在にして応用無礙なり。多勢の敵の中にあつて前後左右より切りかけ突きかけて、此形は微塵《みじん》になるとも、気収まり神さだまつて少しも変動することなく、子路《しろ》(5)の冠を正すがごとくならば、豈《あに》手を空《むな》しくして倒れんや。是《これ》剣術の極則《ごくそく》なり。然れ共此れ足代《あししろ》なくして直《じき》に登るべき道にあらず。必ず事《わざ》に試み、気を錬《ね》り、心を修し、困勉の功熟するにあらずんば、此《ここ》に至る事あたはじ。吾子《ごし》が言を以て初学を導かば、頑空《がんくう》に成つて心頭無物《しんとうむぶつ》と心得、惰気《だき》に成つて和と覚る誤りあるべし。

【訳文】

一、心が動揺していない時は気も動揺することなく、技も本来の形ではたらくと言っているのは、心の本体の本性から説きおろして到達すべき目標を示しているだけのことである。技を修得することが無駄な努力だなどと言っているわけではない。原理は上から説きおろし、修行は下から探求していくのが世の常である。人の心にもともと不善はない。天性に従うことによって情欲に引き込まれるようなこともなければ、精神的に苦しむことはなく、多くの物事にあたっても何ら支障はない。だから、『大学』で大学の道は天からうけた徳性を明らかにすることにあると説き、『中庸』で天からの命令ともいうべき本性に従うことを道というと説くのは、そのような大本の本性を上から説きおろして、学問をする者にその目標を示すものなのである。

しかしながら、人の欲望や妄心の迷いは根深いので、そのような後天的な気質を変化させて直ちに天性の明知に帰ることはできない。そこで『大学』では、物事の理を極めて自分自身の知を研《みが》き、意思を恣意私欲のない誠《まこと》のものとして心を正せと説き、また『中庸』では、自身をよく反省して誰も見ていない一人の時でも心を正しくせよと説くことによって修行を実践させようとしているのである。これはいわば技に習熟するのを待つようなものである。

剣術もまたそれと同じである。敵と相対するとき、生死を忘れ、敵を忘れ、我を忘れて、心が動ぜず、意思もはたらかせず、無心に本来の機能に任せているときは、身の変化は自在であり、技の応用に何ら支障がない。多勢の敵に囲まれ、前後左右から切りかけられ、突きかけられて、その身は粉微塵にされようとも、気はおだやかに収まり精神は安定して少しも変動することなく、孔子《こうし》の弟子の子路《しろ》が冠を正すというような状態であれば、どうして十分なはたらきをせずに倒れるようなことがあろうか。これは剣術の究極の原理である。しかしながら、これは基礎になる足場がなければ直ちに登れる道ではない。必ず技を試練し、気を鍛錬し、心を修練して、困難な修行の成果が熟した時でなければ、そこに到達することはできない。あなたの言うようなことで初学の人を導けば、頭が全く空っぽになってしまって、それを心にこだわりのないことと誤解し、気がたるんでしまって、それを気の和みと誤解するような誤りが生ずるであろう。

【注】

(1) 大学の道は在明明徳…『大学』(冒頭)より。「大学の道は、明徳(天からうけた徳性)を明らかにするに在り。」とあり、このあと、「民を親しましむるに在り。至善に止まるに在り。」と続く。

(2) 率性之謂道…『中庸』(冒頭)より。この言葉の前に「天の命ずるを之《これ》性《せい》(人間の本性《ほんせい》)と謂《い》う。」とあって、そのあとに「性《せい》に率《したが》う、之を道と謂《い》う。道を脩《おさ》むるを之《これ》(聖人の)教えと謂《い》う。」と続く。

(3) 格物致知誠意正心…『大学』に「其の心を正さんと欲する者は、先ず其の意を誠《まこと》にす。其の意を誠《まこと》にせんと欲する者は、先ず其の知を致《きわ》む。知を致《きわ》むるは物に格《いた》るに在り。」という記述があり、そのあとに「物格《いた》りて后《のち》知至《きわ》まる。知至《きわ》まりて后《のち》意誠《まこと》なり。意誠《まこと》にして后《のち》心正し。」と続く。格物致知誠意正心は、この後半の部分を「物に格《いた》りて知を致《きわ》め、意を誠《まこと》にして心を正す。」という形に省略したものであろう。物に格《いた》るとは、物事の道理を明らかにすること。

(4) 自反慎独…『中庸』に前出(2)の文章があり、そのあとに「道なる者は須臾《しゅゆ》(少しの間)も離るべからざるなり。離るべきは道に非《あら》ざるなり。是《こ》の故に君子は其の睹《み》ざる所に戒慎《かいしん》し、其の聞かざる所に恐懼《きょうく》す。隠れたるより見《あらわ》るるは莫《な》く、微《かす》かなるより顕《あらわ》るるは莫《な》し(隠し事や微細なことほど露見しやすいことはない)。故に君子は其の独《どく》を慎しむなり。」と続く。この最後の部分を「自反慎独」という形に省略したものであろう。自反は自分の身をかえりみる、自ら反省すること。慎独はひとりを慎しむ、人の見聞しない所でも心を正しくすること。

(5) 子路…孔子の弟子の一人。姓は仲《ちゅう》、名は由《ゆう》、路はその字《あざな》。義を重んじた武勇の人。晩年、子《し》羔《こう》とともに衛《えい》に仕えたが、南子《なんし》の乱に遭遇して戦死。「冠を正す」はその折の描写。子羔は孔子の許に戻った。

【原文】

一、又吾子《ごし》が剛健にして無手《むて》なるものといふは、諸流に破るといふ兵法に似て少し異なり、彼は無方《むほう》なり。破といふは気剛健活達にして、敵を脚下に踏みしき、鋭気をも避けず、虚をも窺はず、一途に敵の本陣を志して大石の落ちかかるごとく切りこむをいふ。然れども無法にして気溢《あふ》るるときは、事《わざ》の功者にあふて表裏《ひょうり》に陥ることあり。形の損得をしらざる時はあやまちあり。故に形にも習ひあり。守つておのれをうしなはず、気こることもなく、しまることもなく、生死《せいし》を忘れ、進んでうたがふ事なきものなり。

気を以て破るあり。心を以て破るあり。ともに一つなり。心気一つならざれば破ることあたはず。これ剣術の初門初学の入りよき道筋なり。但し気怯《きようじゃく》弱なる所あつて僅《わず》かに疑惑する所あるときは、此術行はるべからず。気に修錬あり、心に疑惑を去るの工夫あり。然れども只《ただ》一偏の気象にして、心体応用無礙自在《おうようむげじざい》の妙術にはあらず。此所において詳《つまびら》かに工夫を用ひ、理明らかに功積みて鋭気平らかにならば、熟して本体に至るべし。初学より無物の工夫のみなさば、骨を失なひ、労して功なかるべし。

【訳文】

一、また、あなたが剛健で技が未熟な者といっている兵法に似ているが少し異なり、彼は無法なのである。破るというのは、諸流で破るといっているのは、気が剛健闊達なため、すでに気持ちの上で敵を脚下に踏み敷き、敵の鋭気も避けず、隙も窺わずに、一途に敵の本陣を目指してあたかも大きな石が落ちかかるかのように切り込むことをいう。しかしながら、無法でただ気だけが溢《あふ》れているような場合は、技の功者に会えば相手の策に陥ることがある。形《かた》の利点欠点を知らない場合には誤りが生ずる。だから形《かた》にも決まりがあるのである。破るとはその決まりを守って己を失わず、気が凝《こ》ることもなく、しまることもなく、生死を忘れ、突き進んで疑うこともないことをいうのである。

相手を気によって破ることもあれば、心によって破ることもある。どちらも同じことなのである。心と気が一つにならなければ相手を破ることはできない。これは剣術の入門者や初心者が理解しやすい道筋ではある。ただし、気に弱いところがあって、わずかにでも疑惑するところがある場合は、この心術は実行されるべきではない。もちろん気は修練することができ、心から疑惑を除去する工夫はできる。しかしながら、それはただ一時の現象であり、心と体が何の支障もなく自在に動くという妙術ではない。この点について詳細に工夫して真理をつかみ、功績を積んで鋭気が安定すれば、やがて習熟して本物になるであろう。だが、初心者のころから何の技もなしに工夫ばかりしても、骨折り損となり、苦労しても何の功績もあがらないであろう。

【原文】

一、其中に大天狗と覚しくて、鼻もさして長からず、羽翼《うよく》も甚だ見《あらわ》れず、衣冠正しく座上にありて、謂ひて曰く。

各々論ずる所みな理なきにあらず。古《いにしえ》へは情篤《あつ》く、志し親切にして、事《わざ》を務むること健やかにして、屈することなく、怠ることなし。師の伝ふる所を信じて昼夜心に工夫し、事《わざ》にこころみ、うたがはしきことをば友に討《たず》ね、修行熟して吾と其理を悟る。ゆゑに内に徹すること深し。師は始め、事《わざ》を伝へて其含むところを語らず、自ら開くるを待つのみ。是を引而不ㇾ発《ひいてはなたず》(1)といふ。吝《おしみ》て語らざるにはあらず。此間《このかん》に心を用ひて修行熟せんことを欲するのみ。弟子心を尽して工夫し、自得《じとく》する所あれば猶往《なおゆ》きて師に問ふ。師其の心に叶《かな》ふときは是を許すのみ。師の方より発して教ふることなし。唯《ただ》芸術のみにあらず。孔子《こうし》曰く、一隅を挙げて三の隅を以て反《かえっ》さふせざる者には復《また》せず(2)

と。是《これ》古人の教法なり。故に学術芸術ともに慥《たし》かにして篤《あつ》し。
今人情薄く、志《こころざし》切《せつ》ならず。少壮より労を厭《いと》ひ、簡を好み、小利を見て速やかにならんことを欲するの所へ、古法の如く教へば、修行するものあるべからず。今は師の方より途《みち》を啓《ひら》きて、初学の者にも其極則《ごくそく》を説き聞かせ、其帰着する所をしめし、猶手を執つて是をひくのみ。かくのごとくしてすら猶退屈して止む者多し。次第に理は高上に成つて古人を足らずとし、修行は薄く居ながら、天へも上《のぼ》る工夫をするのみ。これまた時の勢ひなり。人を導くは馬を御《ぎょ》するがごとし。其邪にゆくの気を抑へて、其みづからすすむの正気《せいき》を助けるのみ。また強《し》ふることなし。

【訳文】

一、その中に大天狗と思われる者で、鼻もそれほど長くはなく、羽翼もほとんど見えないくらいで、衣冠を正式に着けて上座に坐していた者が、次のように語った。
各々の者が論じたことには、みな真理が含まれている。昔の人は情が篤く、志は切実であり、技を稽古するにも力強く、挫《くじ》けることも怠ることもなかった。師匠が伝えることを信じて昼夜を分かたず工夫をこらし、技を試し、疑問があれば友達に問う。そのように修行を続けて習熟し、自分でその真意を悟った。だから心底技が身についたのである。師匠は最初に技を伝えるが、その意味するところは語らず、弟子が自分で眼を開くのを待つだけであった。孟子《もうし》が君子は引きて発《はな》たずと言っているのは、このことである。君子が道を教える場合は、あたかも弓を引いてまだ矢を放たない状態のように、気合いを込め、言葉を発せずにじっと弟子を見守るというのである。それは教えたくなくて語らないわけではなく、この間に弟子が苦心して修行し、習熟することを望むだけなのである。弟子は苦心に苦心を重ねて工夫し、自得するところがあればもう一度師匠のところに行ってそれを確認したのである。師匠は、それが満足のいく答えであればそれを認めただけである。師匠の方から言葉を発して教えることはしなかった。これは武芸心術に限られたことではなかった。孔子《こうし》が次のように言っている。たとえば四角なものを教えるのに、一隅を持ち上げて見せると他の三隅に対しても反応を示すようでなければ、それ以上教えるようなことはしないと。つまり、これが昔の人の教え方なのである。だから昔は、学術も武芸心術も確かで奥が深かったのである。

今の世の人は情が薄く、志も切実ではない。若いうちから苦労することを嫌い、安易なことを好み、小さな利益を見つけては素早く手に入れようとする。そこに昔のような方法で教えれば、修行する者はいなくなってしまうだろう。今では師匠の方から道を開示して、初心者にもその究極の原理を説き聞かせ、帰着する所を明示して、なお手を取ってこれを導く人ばかりである。このようにしてすらなお退屈して止めていく者が多い。次第に理窟ばかりが高等になって、昔の人は言葉が足りないなどと決めつけ、修行の程は薄っぺらでありながら、地に足がつかず天へも上るような工夫をするだけなのである。これまた時の勢いである。しかし、人を指導するということは、馬を御《ぎょ》するようなことなのである。それは、邪道にゆく気を抑えて、自ら進む正気《せいき》を助けるだけのことである。また強制することもしない。

【注】

(1) 引而不発…『孟子』尽心章句上に、「大匠《たいしょう》は拙工《せっこう》の為に縄墨《すみなわ》を改廃《かいはい》せず。羿《げい》(弓の名人)は拙《せつ》射《しゃ》の為に其の彀率《こうりつ》(弓を引く方法)を変ぜず。君子は引きて発《はな》たず、躍如《やくじょ》たり。中道にして立つ。能者のみ之に従う。」とある。すなわち、大工の棟梁は下手な大工のために墨縄の使い方を変えたりはしない。弓の名人の羿は下手な射手のために弓の引き方を変えたりはしない。君子が道を教える場合は、あたかも弓を引いて矢を放つ前の状態の如く気合いを込め、中道の立場に立って見守る。だから、自分で道を開ける者のみがそれについて行ける——の意。

(2) 一隅を挙げて三の隅を以て反さふせざる者には復せず…『論語』述而第七に、「挙一隅不以三隅反、則不復也。」とある。四角なものを教えるのに、一隅を持ち上げてみせると他の三隅に反応を示すようでなければ、重ねて教えることはしない——の意。

【原文】

一、事《わざ》に心を住《とど》むるときは、気此《ここ》に滞《とどこお》つて融和せず、末を逐《お》つて本を忘るるといふは可なり。一向に捨て修すべからずといはば不可なり。事《わざ》は剣術の用なり。其用を捨てば、体の理何によつてかあらはれんや。用を修するによつて体を悟ることあり。体を悟つて用の自在なることあり。体用一源顕微《けんび》間《へだて》なし。理は頓《とみ》に悟るべけれども、事《わざ》は習熟にあらざれば気こつて形自在ならず。

事《わざ》は理に因《よ》つて生ず。形なきものは形あるものの主なり。故に気を以て事《わざ》を修し、心を以て気を修するは物の序《つい》でなり。然れども事《わざ》習熟して気をさまり、神さだまることあり。舟人の棹《さお》を取つて舷《ふなばた》を走ること、大路《おおじ》をはしるがごとし。かれ何の工夫をかなさんや。只水に習熟して大水に入りても死せざることをしる。ゆゑに神定まつて此自在をなす。樵夫《きこり》の重き薪《たきぎ》を荷《にな》つて細きそば路を伝ひ、瓦師《かわらし》の天守に登つて瓦を敷く、皆其事《わざ》に習熟してうたがふことなく惧《おそ》るることなし。かるが故に神定まつて自在をなすものなり。

剣術もまたしかり。此芸に習熟して心に徹し、事《わざ》にこころみてうたがふことなく、おそるることなき時は、気活し神定まつて、変化《へんか》応用《おうよう》無礙《むげ》自在《じざい》なり。然れども此《これ》までは気の修錬にして自ら知ることなり。恃《たの》むことあつてしかり。故に言を以て論ずべし。彼の無心にして自然に応じ、往《ゆ》くに形なく、来るに跡なく、妙用不測《みょうようふそく》なる者は、心体の感通《かんつう》思ふて得べき所にあらず、聞いて知るべきものにあらず、師も伝ふることあらず。自修の功積みて自然に得るのみ。師は其道脈を伝ふるまでなり。容易に論ずべからず。故に世に稀《まれ》なり。

【訳文】

一、技に心を留めるときは、気もそこに滞って融和せず、末端のことを追いかけて大本のことを忘れてしまうというのはその通りである。しかし、技は一切捨て去り修行しなくてよいというのは誤りである。技は剣術の作用である。その作用を捨ててしまえば、本体の原理はいったい何によって実現されようか。作用を修行することによって本体を悟ることがあり、本体を悟ることによって作用が自在になることがあるのである。本体と作用の本源は一つであり、微細な隙間もない。原理はにわかに悟ることができても、技は習熟しなければ気が固まって体が自在にならないのである。

技は原理によって生ずる。形のないものは形のあるものの主である。だから気によって技を修練し、心によって気を修練するのが物の順序ではある。しかしながら、技に習熟して気がおさまり、精神が安定することがある。舟人が棹《さお》を手に持って船端を走る様子は、まるで大通りを走っているようなものである。彼は何も考えずにそうしている。ただ水に習熟しており、水に落ちても死なないことを知っているのである。だから精神が安定してこのように自在に走れるのである。樵《きこり》が重い薪《たきぎ》を背負って細く険しい山道を移動するのも、瓦職人が天守閣の屋根に登って瓦を敷くのも、皆その技に習熟して疑うこともなく恐れることもないからこそ、精神が安定して自在に動けるのである。

剣術もまた同じである。この武芸に習熟して心に徹し、技を試みても疑うことなく恐れることもない場合は、気が活き活きとして精神も安定し、技の変化応用に何の支障もなく自在である。ここまでは気の修練であるから自分でわかっていることであろう。自信を持って当然である。だから言葉で論じたらよい。しかしながら、あの無心のまま自然に応じ、どのように動くとしても形も生じなければ跡も残らないという計り知れない絶妙の使い手の場合、その心と体の連携については、考えて納得できることでもなく、聞いてわかることでもないし、師匠が伝えることもない。自ら修行の功績を積み上げて自然に得るしかないのである。師匠はその筋道を伝えるまでのことである。簡単に論じてはいけない。だからこそ世にも稀《まれ》な人なのである。

【原文】

一、問うて曰く。

然らば我ごとき者の修して得べからざるの道か。

曰く。

何ぞ得べからざらん。聖人《せいじん》にさへ学びて至るべし。況《いわ》んや剣術の一小芸をや。夫《それ》剣術は大体、気の修錬なり。故に初学には事《わざ》を以て気を修せしむ。初学より事《わざ》を離れて気を修する時は、空《くう》にしてこころむべき所なし。気を修すること熟して心に達すべし。此間の遅速《ちそく》は生質《うまれつき》の利鈍《りどん》によるべし。心の妙用を知ることは易く、おのれに徹して変化自在《へんげじざい》をなすことは難し。剣術は生死《せいし》の際《あいだ》に用ふるの術なり。生を捨て死に赴くことはやすく、死生《しせい》を以て二つにせざることはかたし。死生を以て二つにせざるものよく自在をなすべし。

問ふ。

然らば禅僧の生死を超脱したる者は剣術の自在をなすべき歟《か》。

曰く。

修行の主意異なり、彼は輪廻《りんえ》(1)を厭《いと》ひ寂滅《じゃくめつ》(2)を期《ご》して、初めより心を死地に投じて生死を脱却したる者なり。故に多勢の敵の中にあつて、此形は微塵《みじん》になるとも、念を動ぜざることは善くすべし。生の用はなすべからず。唯死を厭はざるのみ。聖人死生一貫《しせいいっかん》(3)といふは是に異なり、生は生に任せ、死は死にまかせて、此心《このこころ》を二つにせず、唯義の在る所に随《したが》つて其道《そのみち》を尽すのみ。是を以て自在をなすものなり。

【訳文】

一、そこで次のように質問した。

では、わたしのような者が修行しても得られない道なのであろうか。

次のように答えて言った。

どうして得られないことがあろうか。学んで聖人になることさえできる。どうして一つの技芸に過ぎない剣術でそれができないことがあろうか。そもそも剣術は、その大部分が気の修練なのである。だから、初心者には技の鍛錬によって気を修練させるのである。初心者のうちから技をはなれて気を修練しようとしても、手掛かりが何もなく修練のしようがない。気を修練して習熟すれば、心の問題に到達する。それまでの時間が速いか遅いかの違いはあるが、それは人それぞれの性質の利発さ愚鈍さによるのだろう。しかし、心の不思議な作用を知ることは容易にできても、自分の心を徹底的に把握して変化自在となることは難しい。剣術は生死を分かつ闘いの場に用いる術である。だから生を捨て死ぬ気になって闘うことは易しいが、生死を二つに分けて意識するようなことなく闘うことは難しい。生死を二つの別々のものと意識してしまうようなことのない者が自在のはたらきをするのであろう。

次のように質問した。

それならば、禅僧で生死を超越した者は、剣術でも自在のはたらきができるのであろうか。

次のように答えて言った。

剣術と禅宗は修行の趣旨が異なっている。禅僧は輪廻《りんね》を嫌い、寂滅《じゃくめつ》の悟りを求めて、初めから死んだつもりになって生死の観念を脱却した者である。だから禅僧は、多勢の敵に囲まれてその身が粉微塵に砕かれようとも、少しも心を動じないということはできるであろう。しかし、生きるための役には立たない。ただ死ぬことを嫌わないだけである。聖人死生一貫《せいじんしせいいっかん》というのはこれと異なり、聖人は生きる場合には生きるに任せ、死ぬ場合には死ぬに任せて、生死によってその心を二分せず、ただただ人の行うべき正義のある所を求めてその道を極めるのみである。そうして道を極めた時に自在になるのである。

【注】

（1）輪廻…古代インドの思想で、車輪が回転し続けるように、霊魂が転々と他の生を受けて煩悩《ぼんのう》の生死を繰り返すことをいう。

（2）寂滅…煩悩の迷いを離れて悟りを得、輪廻から外れて永遠に死後の世界に入ること。

（3）一貫…一理をもって万事を貫き通すこと（吾道一以貫之＝論語）、終始志を変えないこと（至誠一貫）などをいうが、ここでは、単に等しいの意（善悪死生斉一貫＝李頎《りき》）。

【原文】

一、問ふ。

生死に心なきことは一なり。然るにかれは生の用をなさず、此《これ》は自在をなすものは何んぞや。

曰く。

初めより心を用ふる所異なり、彼は寂滅《じゃくめつ》を主として生の用に心なし。唯死をよくするのみ。故に生の用においては自在をなすことあたはず。聖人の学は死生を以て二つにせず。生にあたつては生の道をつくし、死に当つては死の道をつくす。一毫《いちごう》も意を作《おこ》し念を動ずることなし。故に生に於《おい》ても自在をなし、死においても自在をなす。彼は造化《ぞうか》(1)を以て幻妄《げんもう》(2)とし、人間世《にんげんせい》を以て夢《む》幻泡影《げんほうえい》とす。故に生の道を尽すをば、生に着して此営《このいとな》みをなすと思へり。かれ平生《へいぜい》の行相を以ても見るべし。父子を離れ君臣を廃し、爵禄《しゃくろく》を班《つらね》ず、武備を設けず、聖人の礼楽刑政を見ること、嬰児《えいじ》の戯遊《げゆう》を見るが如く思へり。平生捨てて用ひざるの剣戟《けんげき》何ぞ此《ここ》に心あらん。只死にあたつて生を惜しまず、一切世間みな心の所変《しょへん》なることを知るのみ。

【訳文】

一、次のように質問した。

生死に捉われない点はどちらも同じです。それなのに、一方は生きるために役立たず、他方は自在になるものというのは、一体どういうわけであろうか。

次のように答えて言った。

初めから求めるところが異なるのである。禅僧は寂滅《じゃくめつ》の悟りを主な目的としており、生きるための技芸には関心がない。ただ死というものをよくすることだけを目的としている。だから、生きるための技芸において自在になることはできないのである。聖人の学問は生死によって心を二分せず、生きている場合には生きるべき道を極め、死ぬ場合には死の道を極めるのである。ほんの少しも意図したり、心を動かしたりすることはない。だから生きている場合にも自在になり、死んでも自在なのである。禅僧は宇宙を実体のない幻と考え、人の世を夢まぼろしで泡や影のようなものと解釈している。だから禅僧は、生きるべき道を極めることについて、生きることに執着しているからそうするものと思っている。禅僧の普段の行いを見るがよい。父子を離れ、君臣に仕えず、爵位や禄高に名を列ねることもなく、武器を備えることもない。そして聖人の尊重する礼儀や音楽、あるいは刑罰行政を見ては、まるで幼児の遊戯を見ているかのように思っているのである。普段捨て去って使わない武器などにどうして関心があろうか。禅僧はただ死ぬ時にあたって生命を惜しまず、一切世間はみな心に描いた幻と認識しているだけなのである。

【注】

（1）造化…造物主の意。それから転じて、天地、宇宙の意。
（2）幻妄…幻はまぼろし、妄はうそ・いつわり。

【原文】

一、問ふ。

古来剣術者の禅僧に逢うて其極則《ごくそく》を悟りたる者あるは何ぞや。

曰く。

禅僧の剣術の極則を伝へたるにはあらず。只心にものなきときはよく物に応ず。生を愛惜《あいせき》するゆゑにかへつて生を困《くる》しめ、三界《さんがい》(1)窠窟《かくつ》(2)のごとく一心顛動《いっしんてんどう》(3)するときは、この生をあやまることをしめすのみ。彼《かれ》多年此《この》芸術に志し、深く寝席《しんせき》を安んぜず、気を錬《ね》り事《わざ》を尽し、勝負の間において心猶《なお》いまだ開けず、憤懣《ふんまん》して年月を送る所へ、禅僧に逢うて生死の理を自得し、万法惟《ばんぽうただ》心の所変(4)なる所を聞いて、心たちまちに開け、神さだまり、たのむ所をはなれて此自在をなすものなり。これ多年気を修し事《わざ》にこころみて、其器物《うつわもの》をなしたるものなり。一旦にして得るにはあらず。禅の祖師《そし》の一棒の下に開悟《かいご》したるといふもこれに同じ。倉卒《そうそつ》の事にあらず。芸術未熟の者、名僧知識に逢ひたりとて開悟すべきにあらず。

【訳文】

一、次のように質問した。

昔から、剣術家で禅僧に逢って剣術の究極の原理を悟った人がいるのは、一体どういうわけであろうか。

次のように答えて言った。

それは禅僧が剣術の究極の原理を伝えたわけではない。ただ禅僧は、心にこだわりのない場合はよく変化に対応すること、生きることに執着すればかえって生きることが苦しくなること、この世界があたかも悪者の隠れ家であるかのように心が理不尽にはたらく場合は、この世の生き方を誤ることを示しただけなのである。そのような剣術家は、長年この武芸心術と真剣に取り組み、深く安眠することもなく、気を修練し技を極めながらも、勝負の場合になおまだ心が開けず、自分自身に腹を立てて年月を過ごしていた時に禅僧に逢い、生死の真理を自ら悟り、すべての物事はただ心の変化にすぎないことを聞いて心が急に開け、精神が安定して、いままで頼りにしていたものを離れてこのように自在になったのである。これは、長年気を修練し技を鍛錬してきたことによって、それが身に付いていたからなのである。一朝一夕に得られるものではない。禅宗の祖師の一棒の下に悟りを開いたというのもこれと同じである。それは突然にできた事ではない。武芸心術が未熟な者は、たとえ悟りを開いた名僧に逢ったとしても、悟りを開くことはできないのである。

【注】

（1）三界…一切衆生が生死流転する迷いの世界、すなわち欲界・色界・無色界。
（2）窠窟…巣窟。悪徒などの隠れ家。
（3）顚動…顚倒の意か。顚倒は真理を理とせず非理を理とする無明の意。
（4）万法惟心の所変…三界（万法）は但《た》だ是《こ》れ一心の作るところなり、という華厳経の唯心論の意味するところ。

巻之二

【原文】

一、一切の芸術、放下《ほうか》づかひ(1)、茶碗廻しにいたるまで、事《わざ》の修錬によつて上手をなすといへども、其奇妙《きみよう》(2)をなすはみな気なり。天地の大なる、日月の明らかなる、四時の運行寒暑の往来して万物の生殺《せいさつ》をなすもの、みな陰陽の変化に過ぎず、其妙用《みようよう》(3)は言説の尽す所にあらず。万物其中《うち》にあつて、其気を以て其生を遂《と》ぐ。気は生のみなもとなり。此《この》気かたちをはなるる時は死す。生死《せいし》の際《あいだ》は此気の変化のみ。

生の原《もと》をしる時は死の終る所を知る。生死の道に明らかなるとき、幽明鬼神《ゆうめいきしん》(4)通じて一つなり。かるがゆゑに今日身をおくところ、生に在つても自在なり。死にあつても自在なり。

仏家《ぶつけ》には再生流転《さいせいるてん》(5)の惧《おそ》れあり。かるがゆゑに造化《ぞうか》(6)を以て幻妄《げんもう》とし、意《い》(7)を断ち識《しき》(8)を去つて不去不来の空《くう》(9)にかへるを以て成仏《じようぶつ》(10)とす。聖人《せいじん》の学は再生輪廻《さいせいりんえ》のおそれなし。化に乗じて尽るに帰するのみ。気を修するときはおのづから心をしる。

【訳文】

一、武芸に限らず、それこそ放下師《ほうかし》や茶碗廻しにいたるまでのいっさいの芸事において、技の修練によって名人になったとしても、その名人技を行わせるものは、すべて気なのである。天地の雄大さも、太陽や月の明るさも、四季が移り変わり、寒暑を繰り返してあらゆる生物の生殺を行うのも、みな陰陽の変化にすぎないが、その不思議な作用はとても言葉では言い尽くせないものである。あらゆる生物はそのような現象の中にあって、その気によって生きている。気は生命の源なのである。この気が生物体を離れるときに生物は死ぬ。生死の境目はこの気の変化だけなのである。

生命の本を知る時には、死の問題が終結することを知るのである。そして、生死の道理が明らかになった時には、冥土と現世も、鬼と神も、同一のものになる。それ故に、いま自分の身を置くところが生であったとしても自在であり、また死であったとしても自在なのである。

仏僧には輪廻思想による再生流転の惧れが存在する。それ故に、この世の物事を幻と解釈し、自分の意志を断ち、認識を離れて、何の行き来もない空《くう》の世界に入ることを成仏と考えている。しかし、聖人の学問には再生輪廻の惧れは存在しない。気の変化によって死に至るだけのことである。気を修練すれば自ずから心の問題を理解することになる。

【注】

（1）放下づかひ…放下師、放下僧ともいう。頭巾の上に烏帽子《えぼし》をかぶり、こきりこ（十五センチほどの竹筒に赤あずきを入れた楽器で、手玉にとって打ち鳴らしたりする）を使って歌い、舞い、曲芸や手品をした僧形《そうぎょう》の旅芸人。

（2）奇妙…並はずれて巧みなさま。

（3）妙用…不思議な作用。

（4）幽明鬼神…幽界（冥土）と顕界（現世）、鬼と神。

（5）再生流転…再生は、死んだのち再びこの世に生まれること。流転は生死を限りなく繰り返すこと。輪廻の意。もともと輪廻思想は古代のインド先住民にあった思想で、それをアーリア人が継承したという。古代インドでは、あの世は楽園と想像されており、そのためあの世における再死が恐れられていた。この思想が大乗仏教にも受け継がれ、輪廻から外れ、永遠に死後の世界の極楽に留まるためには、煩悩の迷いを解脱して悟りを得、寂滅《じゃくめつ》の世界に入ることが必要とされた。その悟りの方法として「色即是空」「五蘊皆空」の照見が説かれたのである。

（6）造化…造物主の意もあるが、ここでは天地・宇宙のこと。

（7）意…仏教の説く五蘊《ごうん》の「行《ぎょう》」（一般に意志作用と解釈されている）の意味で使用されているものと思われる。何故なら、この部分の描写が般若心経の最初の部分の記載内容を前提にしているとみられるからである。

（8）識…仏教の説く五蘊の「識」（一般に認識作用と解釈されている）を意味する。その理由は（7）に同じ。
（9）空…実在しないこと。ない、空っぽ、だから、こだわるなの意。
（10）意を断ち識を去って不去不来の空にかへるを以て成仏とす…般若心経の最初の部分に「照見五蘊皆空、度一切苦厄」という記述があり、訓読すれば「五蘊は皆空なりと照見し、一切の苦厄を度す」となる。その意味は、「五蘊（色受想行識の五要素から成る人の認識機能）はみな空《くう》（からっぽ）であると照見して一切の苦厄を制御した」ということである。本文は般若心経のこの文言内容を前提とした表現とみられる。

【原文】

一、生死の理はしりやすき所なれども、此生にしばらくの名残《なごり》のみ。是《これ》を迷心《めいしん》といふ。この迷心妄動《もうどう》する故に、神くるしんで常に大負《おおまけ》をとることをしらず。

【訳文】

一、生死の道理は理解しやすいものではあるが、ついつい、この人生にもうしばらくとの名残りが残る。これを迷心（心の迷い）という。この迷心がやたら動きだすために、精神的に苦しんで常に大負けすることが知られていない。

【原文】

一、問ふ。
其極則《ごくそく》(1)においては、我得て聞くべからず。願《ねが》はくは修行の大略を聞かむ。

曰く。

道は見るべからず、聞くべからず。其見るべく、聞くべきものは道の跡《あと》なり。其跡によつて、其跡なき所を悟る。是を自得《じとく》といふ。学は自得にあらざれば用をなさず。剣術小芸《しょうげい》なりといへども、心体《しんたい》の妙用《みょうよう》にして、其極則に及んでは道に合す。我いまだ自得にいたらずといへども、ひそかに聞くことあり。其聞所《きくところ》を以てしばらく汝《なんじ》に語らん。汝妄聴《もうちょう》せよ。耳を以て聞くことなかれ。

夫《それ》心を載せて形を御《ぎょ》するものは気なり。故に一身の用は全く気是を掌《つかさど》る。気の霊《れい》(2)、是を心といふ。天理《てんり》を具へて此気に主たるものなり。心体もと形声色臭なし。気に乗じて用をなすものなり。上下《じょうげ》に通ずるものは気なり。僅《わず》かに思ふことあれば気にわたる。心の物に触れて動く、是を情といふ。思惟往来《しゆいおうらい》する、是を念といふ。

心感のままに動いて自性《じしょう》の天則《てんそく》に率《したが》ふときは、霊明《れいめい》(3)始終を貫いて気の妄動なし。たとへば舟の流れに従ひて下るが如《ごと》し。動くといへども、舟静かにして動の跡なし。是を動而無レ動(4)といふ。

凡人は生死の迷根《めいこん》いまだ断ぜず、常に隠伏《いんぷく》して霊明の蓋《ふた》となる。故に喜怒哀楽未発の時は、頑空《がんくう》にして濁水を湛《たた》へたるがごとし。一念僅かにうごく時は、かの隠伏の者起り、情欲妄動して我が良心に迫る。洪水に逆上つて舟を棹《さお》さすがごとし。波あらく舟動いて内安きことなし。気妄動する時は応用自在ならず。

剣術は勝負の事《わざ》なり。初学より生死の迷根を断つを以て要とす。然《しか》れども生死の迷根にはかには断ちがたし。故に生死の理に於て心を尽し、気を錬り、勝負の事《わざ》に試み、此間において工夫怠らず、殺身修行して事《わざ》熟し気をさまり、其理心に徹して疑ふ事なく、惑ふことなく、此一路において霊明塞《ふさ》がる所なきときは、此念此に動ずることなし。此念動ぜざる時は、気は霊明にしたがつて活達流行《かつたつりゆうこう》(5)、心を載せて滞《とどこお》ることなく、否《ふさが》ることなく、其形を御すること無礙自在《むげじざい》なり。心の感に随《したが》つて応用の速やかなること、戸を開いて直《じき》に月のさし入るがごとく、物を拍《う》つて直に声の応ずるがごとし。

勝負は応用の跡なり。我に此念なければ形《かたち》に此相《このそう》なし。相は念の影にして形にあらはるるものなり。形に相なければ向つて敵すべきものなし。是を敵もなく我もなしといふ。我あれば敵あり。我なきが故に来る者の善悪邪正《ぜんあくじやせい》一念の微に至る迄、鑑《かがみ》にうつるが如し。我より是をうつすにはあらず。かれ来つて移るのみ。成徳《せいとく》の人には邪を以て向ふことあたはざるがごとし。自然《じねん》の妙なり。若《も》し我より是を移さんとせば、これ念なり。此念《このねん》我を塞ぐが故に気滞つて応用自在ならず。不測の妙用思はず為さずして、来往神のごとくなる者、是を剣術悟入《けんじゅつごにゅう》の人といふ。

【訳文】

一、次のように質問した。

その究極の原理については、わたしはよく聞きとることができない。願わくば、修行の大略を聞かせていただきたい。

次のように答えて言った。

道理は見ることができないし、聞くこともできない。見ることができ、聞くことができるのは、道理の痕跡である。その痕跡によって見ることも聞くこともできない道理を悟るのである。これを自得という。学問は自得するのでなければ役に立たない。剣術は小芸であるとはいっても、心と体のすぐれた作用であり、その究極の原理に至れば道理に一致するのである。わたしは未だそれを自得するには至っていないが、ひそかに聞いたことがある。その聞いたことをあなたに話そう。ひたすら聴くがよい。耳だけで聞き流してはいけない。

心の動きを伝えて体の動きを制御するものは気である。だから体の作用はすべて気が掌握している。そして気の本になるものを心という。心は自然の原理を内蔵しており、この気の主というべきものである。心の本体は形、声、色、臭いがなく、気のはたらきによって作用するものである。心と体を結ぶものは気である。わずかにでも思うことがあれば、それは気に伝わる。心が何かに感じて動く場合、これを感情という。さまざまの思いが行き来する場合、これを観念という。

心が感じるままに動いて心に本来具わった自然の法則にしたがう時は、心の明快さが終始保たれ、気が妄動することはない。それは、たとえば舟が流れに従って川を下るようなものである。舟は動いてはいるが、静かで動いた跡もない。これを動いて動くこと無しという。ところが凡人は、生死の迷いの本をまだ断ち切ってはいない。そして、その迷いが常に心の底に潜伏して、心の明快さの妨げとなっている。だから、喜怒哀楽の感情を発散しないときは頭が働かなくなり、ただ濁水を溜めているような状態になる。わずかに考えが浮かんだ場合には、心の底に潜伏していた迷いがはたらきだし、情欲が妄動して良心を圧迫する。まるで洪水の流れに逆らって舟を漕ぐようなものである。波は荒く、舟は揺れて安定することがない。気が妄動する時は自由な応用動作はできない。

剣術は勝負の技である。習い始めから生死の迷いの本を断つことが最も大切なことである。しかしながら、生死の迷いの本を直ちに断ち切ることは難しい。だから、生死の道理について心を尽くし気を練って、それを勝負の技で試み、そうした試みのなかで工夫を怠らず、死に物ぐるいで修行してやがて技に習熟し、気が安定し、そのような生死の道理が心に徹して疑うことも迷うこともなくなり、この道で心の明快さが塞がる所もなくなった時には、その信念はこのまま動揺することがなくなる。信念が動揺することがない時には、気は心の明快さにしたがってあまねく自由にゆきわたり、心の動きを伝えて滞ることもなく塞がることもなく、動作を自由自在に制御するのである。心が感じる所にしたがって動く応用動作の速さは、あたかも戸を開いたときに月の光が射し込んでくるような速さでもあり、また物を叩いたときに直ちに音が出るような速さでもある。

勝負は応用動作の結果である。自分に何らかの観念がなければ、もちろん、その様相は影も形も現れない。様相は観念の影であり、必ず形に現れるものである。しかし、観念の様相が形に現れてなければ、向かい合って敵対する者はいない。これを敵もなく我もなしという。我があれば敵もあるのである。我がないために向かって来る者の善悪邪正からほんの些細な一念に至るまで、鏡に映るように見えるのである。自分でこれを映し出すのではなく、相手が映し出されてくるだけである。それは、有徳の人には邪《よこしま》な心で立ち向かうことができないのと同じである。人間に本来具わった力の不思議さである。もし自分でこれを映し出そうとすれば、それは雑念である。この雑念が自分の心の明快さを塞ぐために、気が滞って応用動作が自由でなくなるのである。相手に対して不測の技を意図したり使ったりしないでも、神がかって自由に動ける人、これを剣術における悟入《ごにゅう》の人という。

【注】

（1）極則…極は最上の原理の意。則は法《のり》、天理の意。
（2）霊…たましい。転じて、目に見えない不思議な力の本体の意。
（3）霊明…心の明らかなさま。
（4）動而無動…動いて動くこと無し。気配を見せたり跡を残すような無駄な動きをせず、自然のままに動くこと。
（5）活達流行…闊（豁）達流行。闊達は心ひろく小事にこだわらないこと。流行はあまねくゆきわたること。

【原文】

一、然れども鼻高く觜《はし》あり、翅《つばさ》あり、故に他の事においては、霊明塞《れいめいふさ》がる所ありて、心の応用自在をなすことあたはざるものは、始めより偏《ひと》へに此一路に志して、心を修し、気を錬《ね》る事ここにあり。其他のことは疾痛《しっつう》身に切なるをも忘れ、物耳目にふるれども眼を開いて見る事なし。況《いわ》んや心を留めむや。故に此には修し得て明らかなれども、広く取つて他に用ふることあたはず。

明の及ぶ所限りあればなり。たとへば灯《ともしび》を箱の内に置いて一方を開くがごとし。其開きたる方は照らせども、其他は光およばず。少しく他に通ずることあるものは、其傍光《ぼうこう》の影なり。故に全き事あたはず。初めはわづかの穴を見付けて其穴を力を用ひてほりあくれば、修行の力にて次第に穴大きくなりて照らす所も大なり。若し天地万物を以て打太刀《うちだち》(1)として修行し、此箱を打破らば、四方八面明らかになり、心体の応用《おうよう》無礙自在《むげじざい》にして、富貴貧賤患難困苦の大敵、前後左右より取巻くといへども一毫《いちごう》も動念なく、団扇《うちわ》を以て蠅《はえ》を払ふがごとく、みな前に平伏《へいふく》して頭《かしら》を出すものあるべからず。此に至つて鼻も平らかになり、翅なくとも飛行自在をなすべし。

【訳文】

一、しかしながら、鼻が高く、嘴《くちばし》があり、翅《つばさ》があって、そのために剣術以外のことにおいては心の明快さを塞がれるところがあり、心を自由に働かすことができない者が、初めからひとえに剣術だけを志して、心を修養し、気を鍛錬するという事実がここにある。剣術以外のことについては、たとえば病気や体の痛みで苦しいことさえも忘れてしまい、また物事が耳目にふれても眼を開いて見ようともしない。いうまでもなく、それらの物事に心を留めることなどはない。したがって、剣術を修得して明らかになっても、その明らかになったところを広く受け止めて他に応用することができないのである。
それは、明らかさの及ぶ範囲に限りがあるからである。たとえば、灯火を箱の中に置いて一方向だけを開くようなものである。その開いた方向だけは照らすけれども、その他の方向には光は届かない。わずかに他の方向に光が届いたとしても、それはたまたま漏れた光である。だから充分に照らすことはできない。しかし、最初にその光の漏れた小さな穴を見つけて、その穴を力を込めて掘り開ければ、修行の力によって穴は次第に大きくなり、照らす場所も広くなる。もし、この天地万物を打太刀《うちだち》と見立てて修行し、この箱を打ち破ってしまえば、四方八方が明るくなり、心と体の動きも何の障害もなく自由自在になって、富貴貧賤、艱難困苦という大敵に前後左右から取り巻かれようとも、少しもあわてることなく団扇《うちわ》で蠅《はえ》を追い払うようなもので、それらの大敵はみな目の前に平伏して頭を上げるものもなくなるであろう。そうなると鼻も低くなり、翅がなくても自由に空を飛べるようになろう。

【注】
(1) 打太刀…形における打太刀、仕太刀《しだち》の意味の打太刀（通常は上位者）。

【原文】
一、凡《すべ》て一芸に達したる者は常に心を用ふる故に、道理には暁《さと》きものなり。然れども志《こころざし》我が芸に専らなる故に、此に私して道には入りがたし。偶々《たまたま》学術を好む者ありといへども、芸術を以て主とし、道学を以て客とする故に、聞く所の深理《しんり》みな芸術の奴《やっこ》と成りて広く用をなすことあたはず。況んや心術を助くることあらんや。

芸術を修するもの此所を自得せば、日々修する所の芸術我が心を助けて、其本然《ほんぜん》(1)の妙用を証《あら》はすべし。是において芸術も亦《また》自在を得べし。然れども初めより執《しゅう》する所の一念捨てがたきものなり。学術芸術共に只《ただ》此の私心《ししん》をさへ去れば、天下我を動かす者なくして応用無礙《おうようむげ》自在《じざい》なり。

私心は金銀貨財情欲偽巧の類のみにあらず。不善にあらずといへども一念わづかに執する所あれば、即《すなわ》ち私心なり。少しく執すれば少しく心体をふさぎ、大いに執すれば大いに心体をふさぐ。芸術に達する者は、其業《わざ》の上においては私心の己を害することと明らかにしるといへども、広く心体応用(2)の間に試みてしる事なし。心術を修する者といへども、理は頓《とみ》に知りやすく、一念隠微《いちねんいんび》の間は修しがたきものなり。心術を修するものも我なり。芸術を修するものも我なり。此心二つあるにあらず。此ところまた熟思《じゅくし》すべし。

【訳文】

一、すべて一芸において達人となった者は常に心を用いているので、道理に明るいものである。しかしながら、その一芸のことばかりを考えているので、それが一芸のみを大切にする私心となって、道の学問には入り難いのである。たまたま学術を好む者がいたとしても、一芸を主として、道の学問は二の次としているために、たまたま聞いた深い道理もみな一芸のための助けになるだけで、広く役立てることができない。まして、心術の助けになることなどあろうはずもない。

武芸心術を修行する者がここの所を自得すれば、毎日修行している武芸心術が自分の心を助けて、心に本来備わっているすぐれた働きを実証することになるであろう。そうなれば、武芸心術もまた自由自在になるであろう。しかしながら、初めから執着している一念はなかなか捨てがたいものである。だが、学術においても武芸心術においても、ただこの一芸にとらわれる私心さえ捨て去れば、天下に自分を動かすような者はいなくなり、何の障害もなく自由自在に動けるようになるのである。

私心というものは、金銀財貨、情欲、偽巧の類のものばかりではない。そのような不善のものではなくても、一念わずかに執着するところがあれば、すなわちそれは私心なのである。少しだけ執着すれば少しだけ心の本体の動きを塞ぎ、大いに執着すれば大いに心の本体の動きを塞ぐ。武芸で達人となる者は、その技の上では私心が自分を害するものであることを明確に知るわけであるが、もっと広い分野における自分の心の本体の働きでそのことを試み、自得することはない。また心術を修行する者にとっても、道理はすぐに理解しやすいのであるが、一つの観念が形成される意識下の過程においてそれを修得することは難しいものである。心術を修行する者も自分であり、武芸を修行する者も自分である。その心が二つあるわけはない。ここの所もまた熟慮すべきである。

【注】

（1）本然…もとよりそうあるべき。本来、自然のままの。

（2）心体応用…心体は心の本体、応用は原理を実際に活用すること。ここでは、道理にしたがって私心なく判断し行動しようとすること。

【原文】

一、今事《わざ》熟し、気和し、勝負の利を試みてうたがふことなく、惑ふことなく、神定まつて自在をなすものおほし。其妙用神《かみ》の如しといへども、いまだ恃《たの》む所(1)あることを免れざるものは、舟人の舷《ふなばた》を走り、瓦師《かわらし》の天守にのぼつて瓦をしくがごとし。是を兵法の上手といふ。

【訳文】

一、今の時代、技に習熟し、気が和し、勝負に勝つことを試みて負けを疑うこともなくなり、惑うこともなく、精神が安定して自由自在になっている者は多い。そのすぐれた動きは神のようであるとはいっても、それでもまだ頼りにすることがある状態から抜け出していない点では、舟人が船端を走り、瓦職人が天守にのぼって瓦を敷く場合と同じである。これを兵法の上手という。

【注】

（1）恃む所…頼りにするもの。ここでは、技。

【原文】

一、問ふ。

如何にして今芸術を以て道学を助けん。

答ふ。

心は性情のみ。(1)性は心体の天理。寂然《じゃくねん》不動(2)にして、色もなく、形もなし。情の動く所に因つて邪あり正あり、善あり悪あり。情の変化によつて其心体の妙用を見て、天理人欲の分るる所をしる。是を学術といふ。其是を知るは何物ぞや。すなはち自性《じしょう》の霊覚《れいかく》(3)己《おのれ》に具はつて欺《あざむ》くべからず、誣《し》ふ(4)べからざるの神明《しんめい》(5)、是を知《ち》といふ。世間の小知才覚をいふにはあらず。小知の才覚は意識《いしき》(6)の間に出づ。意は心の知覚なり。意識は本霊明《れいめい》に因るといへども、情の好悪《こうお》にふれて発するが故に、意にもまた邪あり正あり、善あり悪あり。発して好悪の情をたすけて私のたくみをなす。是を小知といふ。

自性神明の知は情の好悪にかかはらず、純一にして其理の照らす所私なし。故に善もなく悪もなく、唯《ただ》明らかなるのみ。意識是にしたがつて私の巧《たくみ》を用ひざるときは、よく情を制して執滞《しゅうたい》なく、心体の天則にしたがはしむ。情心体にしたがつて好悪の執滞なく恐惧《きょうく》の動念なき時は、意識神明に和して知の用をなす。此に至つて意識の跡なし。是を毋レ意《いなし》(7)といふ。

もし情欲をたすけて是がために巧をなし、偽をなし、種々転変してやまざる時は、我が心体を係縛《けばく》し、我が霊明を塞《ふさ》ぐ。是を妄心《もうしん》といふ。凡人は情欲心の主となるが故に、この妄心のために転動せられて、我が神を困《くる》しむることをしらず。

此ゆゑに学術は此妄心の惑ひを払ひ去り、我心体の天理を認《と》めしり、其霊明を開き、其天則にしたがふて小知の作為を用ふることなく、物はものに任せて物のために役《えき》せられず、事は来るに任せて求むることもなく、厭《いと》ふこともなし。故に終日思惟《しい》すれども、私なきが故に心を累《わずら》はすことなく、終日事に労すれども、神を困しむることなし。命に委《ゆだ》ね、義に決して、うたがふことなく、惑ふことなし。我心の誠を立て、一毫《いちごう》も志を曲ぐることなく、害を避けんが為に偽巧を用ひず、利を得んと欲して小知を事とせず、生は生に任せて其道をつくし、死は死に任せて其帰を安んず。天地変動すれども、此心をうばはるることなく、万物掩《おお》ひ来れども此心を乱さるることなく、思うて執滞せず、為してたのむことなし。

心を存し、気を養ひ、決然として立つて屈することなく、おこたることなく、悠然として居て争ふことなく、迫ることなく、初学より此志を立て、応接の間耳目にふるる所のものを以て心を修するのうつはものとす。

理に大小なし。剣術の極則《ごくそく》も亦此に過ぎず。故にその芸術に於て修する所の業《わざ》を以て内に省み、日用常行《にちようじょうこう》の間に通じて心術を証せば、芸術もまた内に徹して相助《たす》け、相養ふて其益大なるべし。浅きより深きに入り、卑きを踏みて高きに登る、是古《いにし》へ芸術を以て道学を助け、此を修して彼を得るの手段なり。

若し年五十以上、手足のはたらき自在ならず、或は病身又は公用に暇《いとま》なくして其事《わざ》を務むることあたはず、武士の職なれば心を用ひざるもおのれに快《こころよ》からず、たとひ手足は叶《かな》はずして頭べは二つになるとも、此心の二つにならざる所を修せんと思はば、前に論ずる所の志を立て、我が心の変ぜざる所を修して、生死一貫の理開け、天地万物我に礙《さわ》るものなくば、床《ゆか》に臥しながらも、公用は勿論辻番《つじばん》火の廻りをつとめながらも、心に移る所、耳目にふるる所の物を以て打太刀《うちだち》として、心の修行はなるべきことなり。間暇あらば、芸術に達したる人にあふて其事《わざ》を習ひ、其理を聞いて心に証し、敵に向ふときは我がなるべき程のはたらきをなして、死を快くせんのみ。何の憂ふることかあらん。

士たるもの唯《ただ》志の折《くじ》けざるを要とす。形には老少あり、強弱あり、病身あり、公用しげきものあり。みな天のなす所にして、我が得て私する所にあらず。唯志は我にあつて、天地鬼神も是を奪ふことあたはず。かるが故に形は天の為《す》る所に任せて、我は我がこころざしを行ふのみ。小人《しょうじん》は天の為す所を怨みて我がする所を努めず。天のする所は我が知力のおよばざる所なり。其知力の及ばざる所をうれひて、我と神を困《くる》しむる者は愚なり。

【訳文】

一、次のように質問した。

どのようにすれば武芸心術が道学の助けになるのであろうか。

次のように答えて言った。

心には性と情《じょう》（心の作用）があるだけである。性は心の本体の天理（心の本体に本来具わった自然の道理）であり、静かで動かず、色もなく形もない。情の動きによって、正邪、善悪の違いが生じるのである。情の変化によって起こる心の本体のその不思議な作用を見て、天理と人欲の分かれる所を知るのである。これを学術という。では、その分かれる所を知るものは、一体、何なのであろうか。そもそも人の心には本来すぐれた判断力が具わっており、欺《あざむ》くことも誤魔化すこともできない明快な精神が存在するのであり、これを知というのである。

それは世間で言う小知才覚のことではない。小知の才覚は意と識の過程で生ずるものである。意は心の知覚である。意と識とはもともとこの明快な精神から発生するものではあるが、情《じょう》の好悪の影響を受けて発生するために、意にもまた正邪、善悪がある。それ故、発生してから好悪の情を助けて私利を計ることになる。これを小知というのである。

自性神明《じしょうしんめい》（人の心に本来具わった明快な精神）の知は、情の好悪にかかわらず純粋で、その理性の照らすところいっさい私心はない。それ故に善悪もなく、ただただ明らかなのである。意と識とがそれに従って私利を計らなければ、よく情のはたらきを制してこだわりなく心体の天則（心の本体に本来具わった自然の法則）に従わせる。情が心体の天則に従って好悪にこだわりなく恐怖心もなければ、意と識とは明快な精神に調和して知のはたらきをする。そのようなことになれば、意と識との痕跡は残らない。これを私意無しというのである。

もし、情欲を助けてそのために技巧をこらし偽りを行って、いろいろと変化させ続けている時は、自分の心を束縛し、明快な精神を塞いでしまう。これを妄心というのである。凡人は情欲が心の主となってしまうために、この妄心のために振り回されて、自分の精神を困惑させていることに気付いていない。

それ故に学術は、この妄心の惑いを払い捨て、自分の心の本体の天理を認識して明快な精神を開き、その天則にしたがって小知による作為を用いることなく、財物については財物の動きに任せて財物のために振り回されるようなことがなく、事柄についてはそれが到来するのに任せて求めることもなく嫌うこともない。だから、一日中ものを考えていても、私心がないので心を煩《わずら》わすことはなく、また一日中仕事に打ち込んでいても精神的に苦しむことはない。天命に身を委《ゆだ》ね、正義を行うことに決心をかためて、疑うことも惑うこともない。自分の心の誠を保って少しも志を曲げることなく、損害を避けるために偽巧を用いず、利益を得ることを欲して小知を使ったりしない。生きているうちは生きるに任せて正しい道をひたすら歩み、死ぬ時が来れば死ぬに任せて安らかに死んでゆく。天地が変動してもその心を奪われるようなことはなく、万物が覆いかぶさってこようともその心を乱されるようなことはなく、何かを考える場合にも執着したり滞ったりすることはなく、何かを行う場合にも誰かを頼りにするようなこともない。

心を安らかに保ち気を強く養い、決然として立って屈することなく、怠ることなく、悠然としていて争うこともなく、他人に何かを迫ることもないという、この志を初学の頃から立てて、人に会い見聞きしたことを受け止めて心の修行をするような人間として生きるのである。

道理に大小はない。剣術の究極の原理もまた同じなのである。だから、その武芸心術の修行で得たものをよく内省し、その心術を日常生活のなかで実証してゆけば、武芸心術もまたよく身に付くこととなり、両者相助け、相養って、その利益は大きなものとなろう。浅い所から深い所に踏み入り、低い所を踏み越えて高い所に登る、それと同じ理窟で、昔は、武芸心術が道学の助けになった、つまり、武芸心術を修得することが道学を修得する手段だったのである。

もし年齢が五十歳以上で手足が自由にはたらかず、あるいは病身であったり、または公用で忙しく暇がなくて、そのような事を行えず、そうかと言って、武士の職にある以上、そのような事を配慮しないことも自分自身快く感じてはおらず、たとえ手足が思うように動かずに頭を二つに割られるようなことがあっても、心は動ぜず二つに割られるようなことはないという、そういう心の修行をしたいと思っている場合は、先に論じたような志を立てて自分の心が動じないことを修行して、生死一貫の道理が開け、この世界に自分を妨げるものがなくなれば、病床に臥しながらも、公用はもちろん辻番や火の見廻りを務めながらでも、心に感じるもの、見聞きするものすべてを打太刀と見立てて、心の修行はできるものである。その間、暇があれば、武芸心術の達人に会って、その技を習い、その原理を聞いて自分の心で実証し、敵に対する場合には自分にできる最大限のはたらきをして快く死んでゆくだけのことである。何の憂うべきこともない。

　武士たる者にとっては、ただ志が挫けないことが肝心である。形の上では、老少があり、強弱があり、病身があり、公用の多忙な者があるが、それらはみな天命であり、自分で決められることではない。ただ、志だけは自分のものであって、天地も鬼神もこれを奪うことはできない。そういうことだから、結果は天命に任せて、自分は自分の志を実行するだけなのである。小人は天命を怨んで自分の為すべきことに努力しない。しかし、天命は自分の知力の及ばないことである。その知力の及ばないことを憂えて、自分自身と自分の精神を苦しめるような者は愚かである。

【注】

（1）性情…性は心の本体に本来具わった道理の意、情は心の作用の意で使われる。

（2）寂然…静かなさま。

（3）自性の霊覚…自性《じしょう》は本来もっている性質。霊覚の霊はたましい、いのち。覚はおぼえる、感ずるの意。

（4）誣ふ…有を無といい、無を有という、あざむくの意。

（5）神明…神、人の心、天照大神の意があるが、ここは人の心の意。

（6）意識…我々が日常使用する「意識」の意ではなく、四八―四九頁の注（7）（8）に掲げた意と識の意味で使われている。

（7）毋意…『論語』子罕第九に「子絶四。毋意、毋必、毋固、毋我。」（子四を絶つ。意毋く、必毋く、固毋く、我毋し。）とある。「子は四つを絶った。その四つとは、私意なし、無理押しなし、頑固なし、我執なし。」という意味である。毋意はこの私意無しの意。

【原文】

一、問ふ。

我に多子《たし》あり。年いまだ長ぜず。剣術を修すること如何《いか》にして可ならむ。

曰く。

古《いにし》へは洒掃応対《さいそうおうたい》(1)より六芸《りくげい》に遊んで後、大学に入り以て心術をあらはす。孔門の諸賢もみな六芸に長じて道学を証する人多し。年いまだ長ぜずして事理《じり》に通達する程の力なき者は、小知を先にせず、師にしたがつて差し当り用の足る所として、事《わざ》を努め、手足のはたらきを習はし、筋骨を強ふし、其上にて気を錬《ね》り、心を修して、其極則《ごくそく》を窺ふべし。是修行の次序なり。

二つ葉の木は柱に用ふべからず。ただ添木《そえぎ》を立て曲らざる様にやしなふべし。ただ幼年のはじめより志《こころざし》邪に往《ゆ》かしむべからず。志邪にゆかざれば、戯遊の事《わざ》といふとも邪なきものなり。心邪なき時は正を害するものなし。天地の間用をなさざるもの稀《まれ》なり。邪を以て害するが故に、其性を傷《そこな》ふて用をなさず。

人心もと不善なし。唯有生《ゆうせい》のはじめよりつねに邪を以て養ふ。故に薫習《くんじゅう》(2)してしらず、自性《じしょう》を害して不善に陥る。邪は人欲是が根となる。小人はただおのれを利するを以て心とする故に、己に利あれば邪なれども其邪をしらず、己に利あらざれば正なれども其正をしることなし。みづから其邪正をわきまへしらず。況んや其よつて分るる所をしらんや。

故に学術は人欲の妄動を抑へ、心体天理の妙用を見て、邪正の由つてわかるる所を審《つまび》らかにし、其妄心の邪をしりぞけ、自性の本体を害することなきのみ。天へ上ることにもあらず、地を潜《くぐ》ることにもあらず。邪しりぞく時は、天理ひとりあらはる。邪少しくしりぞけば、天理少しくあらはれ、大いに退けば、大いにあらはる。みづから心に試みてしるべし。

剣術も亦然り。もし初学より何の弁《わきま》へしる事もなく、無心にして事《わざ》自然に応じ、柔《じゅう》を以て剛《ごう》を制す、事《わざ》は末なりといひて頑空惰気《がんくうだき》になりて、足もとのことをしらずんば、現世後生ともに取失ふべし。

【訳文】

一、次のように質問した。

わたしには多くの子供がいる。まだ成長半ばである。彼らはどのようにしたら剣術を修得することができるであろうか。

次のように答えて言った。

昔は、清掃作業や長者に呼ばれ質問に答えることから始め、六芸《りくげい》に親しんだ後、大学に入って心術を身に付けたものである。孔子《こうし》門下の諸賢人もみな六芸に長じて後、道学を実証した人が多い。年齢がまだ成長半ばで物事の道理に熟達するほどの力のない者は、小知を先に得ようなどとはせず、師の指導にしたがって差し当たりできることからということで技の修得に努めさせ、手足のはたらきを習わせて、筋骨を鍛え、その上で気を修練し、心の修行をして、その究極の原理を窺うようにすべきである。これが修行の順序である。

芽が二葉の木は柱には使えない。ただ添え木を立てて曲がらないように養生すべきである。ただ、幼年のはじめから志を邪な方向に行かせてはならない。志が邪な方向に行かなければ、いくら戯遊の技とはいっても邪ではないものである。心に邪なことがない場合には正義を害するものはない。その場合にはこの世界で役に立たない者は稀《まれ》である。邪な心で幼年者の心に害を与えてしまうから、本来の性質をそこなって役に立たない者にしてしまうのである。

もともと人の心に不善はない。ただ、生まれてからこのかた常に邪な心で養ってしまうから、それが知らぬ間に身体に沁み込んで、本来の正しい性質を害して不善に陥らせてしまう。人欲が邪の根本原因なのである。小人はただ自分の利益だけを心掛けているので、自分に利益があれば、邪なことであってもその邪に気付かない。自分に利益がなければ、正しいことであってもその正しさに気付くことがない。自分でその正邪を判別し気付くことができないのである。まして、人の心がそのようにして正邪分かれることに小人がどうして気付くことがあろうか。

それ故に学術の目的は、人欲が妄動することを抑え、心体の天理（心の本体に本来具わった自然の道理）のすばらしい働きを見て、正邪の分かれる所を詳細に明らかにし、その邪な妄心をしりぞけ、心の本体の本来の性質を害することがないようにすることに尽きる。天に昇ることでもなければ、地中を潜《くぐ》ることでもない。そして、邪が退いた時には、天理だけが現れるのである。邪が少し退いた場合は天理が少しだけ現れ、大いに退いた場合は天理が大いに現れる。このことは自分の心で試してみて認識するがよい。

剣術もまたそのようなものである。もし初学の頃から技について何も理解することなく、無心であれば技は自然に応じる、柔《じゅう》をもってよく剛《ごう》を制す、技は末葉のことである、などと言って何を考えることもなく怠慢になって足もとのことを知らずにいれば、現在も未来もともに失ってしまうであろう。

【注】

（1）洒掃応対…水をまいてはらいきよめ、尊長者の呼ぶに応じて問いに対《こた》えること。

（2）薫習…物に香が移りにじむように、習慣的に働きかけて、その影響を後に残し留めること。

巻之三

【原文】

一、問ふ。

何をか動いてうごくことなく、静かにしてしづかなることなしといふ。

曰く。

人は動物なり。うごかざること能《あた》はず。日用人事《にちようじんじ》の応用多端《おうようたたん》なりといへども、此心、物のために動かされず、無欲無我の心体《しんたい》は、泰然《たいぜん》として自若《じじゃく》たり。剣術を以て語らば、多勢の中に取籠《とりこ》められ、右往左往にはたらく時も、生死《せいし》に決して神定まり、多勢のために念を動ぜざる、是《これ》を動いて動くことなしといふ。

汝《なんじ》馬を乗る者を見ずや。よく乗る者は、馬東西に馳《は》すれども、乗る者の心泰《ゆた》かにして忙しきことなく、形しづかにしてうごくことなし。外より見ては馬と人とつくり付けたるがごとし。ただかれが邪気をおさへたるのみにて馬の性に悖《さか》ふことなし。故に人鞍の上に跨《また》がつて馬に主たりといへども、馬是に従つて困《くる》しむことなく、自得《じとく》して往《ゆ》く。馬は人をわすれ、人は馬をわすれて、精神一体にして相はなれず。是を鞍上《あんじよう》に人なく鞍下《あんか》に馬なしともいふべし。是動いてうごくことなきもの、かたちにあらはれて見易きものなり。

未熟なるものは馬の性に悖《さか》つて我もまた安からず、常に馬と我とはなれて、いさかふゆゑに、馬のはしるにしたがつて五体《ごたい》(1)動き心忙しく、馬もまた疲れくるしむ。或《ある》馬書に馬のよみたる歌なりとて、

打込みてゆかんとすれば引きとめて口にかかりてゆかれざるなり

是馬に代りて其情を知らせたるものなり。唯《ただ》馬のみにあらず。人を使ふにも此《この》心あるべし。一切の事物の情に悖《さか》ふて小知を先にする時は、我もいそがしく、人も困《くる》しむものなり。

何をか静かにしてしづかなることなしといふ。喜怒哀楽未発の時、心体空々《くうくう》として一物の蓄へなく、至静無欲《しせいむよく》の中より物来るにしたがつて応じて、其用きはまり、つくることなし。静かにして動かざるものは心の体なり。動いて物に応ずるものは心の用なり。体は静かにして衆理を具へて霊明《れいめい》なり。用は動いて天則《てんそく》に従ひて万事に応ず。体用は一源なり。是を動いてうごくことなく、静かにしてしづかなることなしといふ。剣術を以て語らば、剣戟《けんげき》(2)を執つて敵に向ふ。潭然《たんぜん》(3)として悪《にく》むこともなく、懼《おそ》るるこ

ともなく、とやせん、かくやと思ふ念もなき中より、敵の来るに随《したが》つて応用無礙自在《おうようむげじざい》なり。形はうごくといへども心は静の体をうしなはず、しづかなりといへども動の用を欠かず、鏡体《きようたい》静かにして物なく、万象《ばんしよう》来り移るにまかせて其形をあらはすといへども、去る時は影を留むることなし。水月のたとへに同じ。心体の霊明もまたかくのごとし。小人《しようじん》はうごく時は、うごくにひかれておのれを失ひ、静かなる時は頑空《がんくう》になりて用に応ずることなし。

【訳文】

一、次のように質問した。

動いて動くことなく、静かであって静かでないとは、一体どのようなことを言っているのであろうか。

次のように答えて言った。

人は動物である。動かないでいることはできない。しかし、日々なすべき仕事でいくら多忙であるといっても、この心は物事のために動かされるわけではなく、無欲で利己心のない心の本体は、ゆったりと落ち着いているのである。剣術の場合でいえば、多勢の敵に取り囲まれ、右に左に動いて闘う場合も、生死の問題に決別して精神が安定し、敵が多勢であろうと動揺しない状態、これを動いて動くことがないというのである。

あなた方は乗馬者をよく見るだろう。上手な乗馬者は、馬を東西に走らせても心は安泰でせわしいことはなく、その姿も静かでゆれ動くことがない。外から見れば馬と人が一体になっているようである。しかしそれは、ただ彼が自分の邪気を抑えているだけのことで、馬の性質にさからうことがないのである。それだから、人が鞍の上に跨《また》がって馬の主になっていたとしても、馬はそれにしたがって苦しむこともなく、納得して走っていくのである。馬は人を忘れ、人は馬を忘れて、気持ちが一体になってお互いに離れることがない状態、これを鞍の上に人はいなく、鞍の下に馬はいないとでもいうのであろう。これなどは動いて動くことがないということが具体的な形に表れて、わかりやすい例である。

未熟な者は馬の性質にさからってしまい、自分もまた安泰ではなく、常に馬と自分の気持ちが離れて、争ってしまうために、馬が走るにしたがって身体がゆれ動き、心がせわしくなり、馬もまた疲れて苦しむのである。ある馬術書に馬の詠んだ歌として、次の和歌がある。

打込みてゆかんとすれば引きとめて口にかかりてゆかれざるなり

（集中して走り込もうとすると引き止められ、手綱が口にかかって前にゆかれないんだ。）

これは馬に代わって馬の気持ちを伝えたものである。ただ馬だけではない。人を使う場合にもこのような気持ちはあるであろう。一切の物事の状況にさからって小ざかしい知恵を先に働かせてしまうような場合は、自分でもせわしなく、他人も困らせてしまうものである。

では、静かであって静かなことがないとは、どういうことを言うのであろうか。喜怒哀楽の感情が発生していない場合は、心の本体は全く空っぽで何の蓄えもなく、静かな限りの無欲な状態であり、そのような状態の中から、何か物事が到来すればそれらに次々と対応し、その働きが行き詰まって途絶えるようなこともない。静かで動かないものは心の本体であり、動いて物事に対応するものは心の作用である。その本体は静かであり、多くの道理を具えて明晰である。またその作用はよく働いて自然の法則にしたがって判断し、何事にも対応する。本体も作用もその源は一つである。このことを動いて動くことがなく、静かであって静かなことがないと言うのである。

剣術の場合について話をすれば、刀や鉾《ほこ》を持って敵と相対するとき、静かに落ち着いて、敵を憎むこともなく、恐れることもなく、どうしようこうしようと思うこともない状態にありながら、敵が攻撃してくればそれに何の支障もなく自在に対応する。身体は動いても心は冷静な状態を失わない。心は静かであっても身体を動かすための働きを欠かさない。鏡は、ただ静かに設置されているだけでありながら、いろいろなものが近付けばそれにつれてそれらのものを映し出すが、それらのものが遠ざかればその影を留めることもない。それは水月の譬《たと》えと同じである。心の本体の明晰さもまたこのようなものである。ところが小人は、動く時は動くことに引きずられて自分を見失い、心が静かな時は中味が空っぽになって身体を動かすための働きをすることがない。

【注】

（1）五体…筋・脈・肉・骨・毛皮の総称。頭・首・胸・手・足とも。全身。

（2）剣戟…戟は両側に枝の出たほこ。剣戟はつるぎとほこ、武器の意。

（3）潭然…潭は深いの意。したがって潭然は湛然（水などを十分湛えたさま、静かで動かないさま）の意。

【原文】

一、何をか水月といふ。

曰く。

流儀によりて色々義理を付けていへども、畢竟《ひっきょう》無心自然の応用を水と月と相うつる所にたとへたるものなり。広沢《ひろさわ》の池にて仙洞《せんとう》(1)の御製《ぎょせい》に、

　うつるとも月もおもはずうつすとも水もおもはぬ広沢の池

此御歌の心にて、無心自然の応用を悟るべし。

又一輪の明月天にかかつて、万川《ばんせん》各一月を具ふるがごとし。光を分けて水にあたふるにはあらず。水なければ影なし。亦《また》水を得てはじめて月に影あるにあらず。万川にうつる時も一水に移らざるときも、月において加損《かそん》なし。又水の大小をえらぶことな

し。是を以て心体の妙用《みようよう》を悟るべし。

水の清濁を以て語るは末なり。然《しか》れども月は形色《けいしよく》あり。心には形色なし。其形色あつて見やすきものをかりて形色なきものの譬《たと》へとす。一切のたとへみなしかり。譬へに執《しゆう》して心を鑿《さく》⑵することなかれ。


【訳文】

一、（次のように質問した。）
水月とはどういうことをいうのであろうか。

次のように答えて言った。

流儀によっていろいろともっともな筋道をつけて説明しているが、結局のところ無心でしかも本来の理に適った対応を、月が水に映る場合の相互関係に譬《たと》えたものである。広沢《ひろさわ》の池で上皇がお詠みになられた次のような和歌がある。

うつるとも月もおもはずうつすとも水もおもはぬ広沢の池
（水に映るとは月も思っていないし、月を映すとは水も思っていない。それなのに、月は広沢の池の水面に自然に映っている。）

この和歌の意味するところによって、無心でしかも本来の理に適った対応とはどのようなことかを悟るべきである。

また、一輪の名月が空にあるだけであるのに、まるですべての川が各々一つずつ月を保有しているかのようである。しかし、月は各々の水に光を分け与えているわけではない。水がなければ月は映らない。しかし、水があってはじめて月の光が存在するというわけでもない。月がすべての川に映っている場合も、一つの水面にさえ映らない場合があるとしても、月に変わりはないのである。また月は水の大小を択《えら》んで映るわけでもない。このことによって心の本体の不思議なはたらきを悟るべきである。

水の清濁によって月が映ったり映らなかったりするなどと論ずるのは最低である。ただ、月には形と色があるが、心には形も色もない。それは、形と色があってわかりやすいものを譬えに使って、形も色もないものについて語っているのである。一切の譬えは皆そのようなものである。譬えにこだわって心に鑿《のみ》で穴をあけるような真似をしてはいけない。

【注】

（1）仙洞…仙人の居所の意から転じて上皇の御所の意となり、さらに転じて上皇の尊称となる。

（2）鑿する…元々は木材に鑿《のみ》で穴をあける意。転じて、つくる、もくろむから、勝手に理窟をつけて理に適わぬ解釈をする意になる。

【原文】

一、問ふ。

諸流に残心《ざんしん》といふ事あり。不審《いぶかし》。何をか残心といふ。

曰く。

事《わざ》にひかるることなく、心体不動の所をいふのみ。心体不動なるときは応用あきらかなり。日用人事もまた然り。打あげて奈落の底まで打込むといふとも、我はもとの我なり。故に前後左右無礙《むげ》自在《じざい》なり。

心を容《いれ》て残すにはあらず。心を残すときは二念なり。又心体明らかならずして心を容《いれ》ずといふばかりならば、盲打《もうだ》盲突《もうとつ》といふものなり。明は心体不動の所より生ず。只《ただ》明らかにうち、あきらかに突くのみ。是等の所かたりがたし。あしく心得れば大《おおい》に害あり。

【訳文】

一、次のように質問した。

諸流に残心《ざんしん》という事がある。これがよくわからない。残心とはどのようなことを言うのであろうか。

次のように答えて言った。

技に執着することなく、心の本体が動揺しないことを言うだけのことである。心の本体が動揺しない時は状況に適応した働きが明らかである。日々人のなすべき事柄もまた同じである。充分に打ち込んで相手を奈落の底まで打ち落としたとしても、自分は元の自分で打ち込む前と少しも変わらない。それだからこそ前後左右、何の支障もなく自在に動けるのである。

残心とは心を込めて残すことではない。心を残す場合は考えが二つに分かれてしまう。また心の本体が明らかな状態でないまま単に心を込めないということであれば、それは盲打盲突ということになる。明らかさは心の本体が動揺しない状態から生ずるのである。ただ明らかに打ち、明らかに突くだけのことである。これらのことはなかなか言葉では言い表し難い。心得違いをすれば大いに害が生ずるところである。

【原文】

一、諸流に先《せん》といふことあり。此《これ》また初学のために鋭気《えいき》を助け、惰気《だき》に笞打《むちう》つの言なり。実は心体不動にしておのれをうしなはず、浩気《こうき》(1)身体に充つるときは、毎《いつ》も我に先《せん》あり。人より先へ打ちつけんと心を用ふるにはあらず。

畢竟《ひつきよう》剣術は生気《せいき》を養つて死気を去るを要とす。懸《かかる》の中の待つ、待つの中の懸《かかる》といふも、みな自然の応用なり。初学のためにしばらく名を付けたるのみ。動いてうごくことなく、静かにしてしづかなることなしといふの意也。

初学の者は、気の剛柔《ごうじゆうわざ》 事の応用を以て語らざれば因《よ》るべき所なし。故に其所に就て名を付け、教ふるのみ。然れども名を付ける時は、名に執して其大本をあやまり、名を付けざれば空《くう》にして取認《とりとめ》なし。兎《と》にも角《かく》にも其大意を識得《しきとく》せざる者には語るべきやうなし。一切の事みな然り。故に物の師をするもの、其人にあらざれば秘して妄《みだ》りに語らざるも亦宜也《またむべなり》。其大意を識得すれば、見ること聞くこと直《じき》に分るもの也。

【訳文】

一、諸流に先《せん》という事がある。これもまた初心者の鋭気を助長し、惰気に鞭打つための言葉である。実は、心の本体が動揺しない状態で自分を失わず、浩然の気が身体に充満するような時は、いつも我が方に先《せん》があるのである。それは他人より先に打ち込もうという心遣いをすることではない。

結局のところ剣術では、生気を養い、死気を除去することが肝要である。懸る中の待ち、待つ中の懸りというのも、みな本来の法則の応用である。初心者のために暫定的に名前を付けただけのことである。それらはみな動いて動くことなく、静かであって静かなことがないという意味なのである。

初心者の場合は、気の剛柔《ごうじゅう》に関しては技の応用によって説明しなければ拠り所がないのである。だから、そのことについては、別の名前を付けて教えるだけのことである。しかしながら、別の名前を付けた場合は、その名前に固執してその本来の意味を誤解するし、そうかといって名前を付けなければ何も理解できずできりがない。ともかく、その大意を認識修得していない者には説明のしようがないのである。一切の事がみなそうなのである。したがって、物事の指導者が大意を認識修得している人以外には真理を秘密にしてやたらに教えないのも、またもっともなことである。その大意を認識修得すれば、見ることも聞くこともすぐに理解できるものなのである。

【注】

（1）浩気…浩然之気の意。浩然は水の盛んに流れるさま、転じて盛大流行の意もある。浩然之気は、天地間に流行する盛んな精気の意。

【原文】

一、前に論ずる如《ごと》く、一身の動静は凡《すべ》て気の作用なり。しかふして心は気の霊なり。気は陰陽清濁のみ。気清きものは活して其用軽し。濁るものは滞《とどこお》りて其用重し。形は気にしたがふものなり。故に剣術は気を修するを以て要とす。気活する時は事《わざ》の応用かろくして疾《と》く、濁《にご》るときは事《わざ》の応用重くして遅し。

　気は剛健を貴《たっと》ぶといへども、偏《ひとえ》に剛《ごう》を用ひて和なきときは、折《くじ》けて其用行はれず。倚《かたよ》るものは其跡虚《そのあときよ》にして用をなさず。用は和を貴ぶといへども、中《うち》に剛健の主なきときは流れて弱きに至る。弱《じゃく》と柔《じゅう》と異なり、柔は生気を含んで用をなし、弱は一向に力なくして用をなさず。休むと惰《おこた》るとまた異なり、休《きゅう》は生気をはなれず、惰《だ》は死気に近し。

　卜《しま》(1)る者は気のよる所あつて解《とけ》がたきもの也。念に因つて卜《しま》るあり。陰気みづからしまるあり。凡《およ》そ気の由《よ》る所あれば、用に応ずること速《すみ》やかならざるものなり。故にしまる気は事の応用遅し。

　気先だつて事《わざ》の応用燥《かわ》くものは、陽にして根なし。軽くして濡《うるお》ひなきものなり。枯葉の風に散《ち》るがごとし。湿《しめ》り滞《とどこお》るものは、濁気《だくき》のみづからおもきにひかれて応用の遅きもの也。

　凝《こ》るものは気偏《ひとえ》に聚《あつ》まり、固く鎖《とざ》して形をなし、止《とど》まつて動かざるもの也。故に其応用いよいよおそし。水の凍りて融和せざるがごとし。是も亦念の凝り、気の凝りあり。念といふも気なり。しることあるを念といふ。しることなきを気といふ。みなみづから試みてしるべし。

【訳文】

一、前に論じたように、身体の動作や静止はすべて気の働きによって生ずるのである。そうして心は気の主である。気には陰陽、清濁があるだけである。気が清らかな場合は活き活きとしてその働きは軽やかであり、気が濁っている場合は滞ってその働きは重苦しい。動作は気に従うものである。だから剣術では気の修行をすることが肝要である。気が活き活きしている時は技の対応が軽くて速く、気が濁るときは技の対応が重くて遅い。

気は剛健であることが貴ばれるが、ひたすら剛《ごう》ばかりを働かせて和のない場合は、くじけてしまってその役割が果たせない。気が片寄る場合は他の部分が虚《うつろ》になって作用しない。気の働きは和を貴ぶとは言いながら、その中に剛健という主が存在しない限り、流されて弱くなる。弱《じゃく》と柔《じゅう》とは異なり、柔は生気を含んで役割を果たすが、弱は全く力がなく役割が果たせない。休むと惰《おこた》るともまた異なり、休《きゅう》は生気を離れることはないが、惰《だ》は死気に近い。

気が固く締まる者は、気が何かに頼る所があるため解き放ち難いものである。思念によって固く締まる場合もあり、また気が陰なために自ら固く締まる場合もある。およそ気に何かを頼りにする所がある場合は、役割に速やかに応ずることはできないものである。だから、固く締まる気は技を用いる速度が遅いのである。

気ばかり先立って技の応用が乾いている者は、陽ではあっても根無しであり、軽々しく潤いのないものである。それは枯葉が風に散るようなものである。一方、気が湿り滞る者は、濁った気が自らの重みに引きずられて、技の応用が遅いものである。

気が凝《こ》り固まった者は、気が一途に集まり周囲を固く閉ざして形をつくり、そのまま止まって動かないものである。だから、その技の応用はいよいよ遅くなる。水が凍って固まり、融けないようなものである。この場合もまた念が凝り固まることと気が凝り固まることとがある。念と言っても実は気なのである。意識されるものを念という。意識されないものを気という。これらのことは皆自分で試みて修得するがよかろう。

【注】

(1) トる…うらなう意から転じて、えらぶ、選定する、しまる、ゆるみがなくなる。

【原文】

一、剛柔《ごうじゅう》変化して自在なるものは応用無礙《おうようむげ》也。唯剣術のみにあらず、学術といへども気の剛柔変化自在なる所を修し得ば、心の妙用をあらはすべし。心体の妙用は迹《あと》なくして語るべからず。故に剣術は気を以て修して、心体の照らす処をしる。学術は心を以て修して、気の変化妙用を知る。然れども只理を以て意識の間に知るのみにして、身に修し得ることなき時は、心気の噂《うわさ》にして其用をなさず。剣術者は気を修するといへども、只剣術応用の所にのみ修するがゆゑに、心の霊覚《れいかく》もまた其一方にのみ達して、日用常行《にちようじょうこう》に及ぶことなし。心気もと一体なり。おのれに試みて其大意を識得せば、修行未熟なりといふとも、分《ぶん》に応じて益あるべし。

【訳文】

一、剛柔変化して自由自在なことが応用に支障がないということである。ただ剣術の場合だけではない。学術の場合でも、気の剛柔の変化が自由自在であることを修得すれば、心の絶妙な働きが現れてくるであろう。心の本体の絶妙な働きは、具体的に目に見えないので語ることはできないのである。それ故に剣術では気によって修行を積み、心の本体が照らすところを知るのである。学術では、心によって修行を積み、気の変化の絶妙さを知るのである。しかしながら、ただ理論だけを頭で認識して実際に体験して修得することがない場合は、その理論は心と気についての噂話のようなもので役に立たない。剣術者は気を修得したといっても、ただ剣術に応用するためだけに気を修得するので、心について悟ることも剣術についてだけのもので、日常の行為に及ぶことがない。心と気はもともと一体のものである。自分自身でいろいろ試みてその大意を認識修得すれば、修行はまだ未熟でも、その程度に応じて得るところはあるであろう。

【原文】

一、諸流ともに其極則《ごくそく》に及んでは一なり。流儀々々は其先覚の人の修錬して、吾が入りよきと思ふ門戸より導くのみ。

然れども其道すがらの風景を愛し、此《ここ》に住してみづから是《ぜ》とするもの多し。是を以て其末々の流儀多端にして、互いに是非《ぜひ》を争ふと見えたり。其極則は是非の争ふべきことなし。其中途の風景は皆意識の間の見《けん》のみ。其大本は二つもなく三つもなし。別るる時は善悪あり邪正あり、剛柔あり長短あり、其末々に至つては論じ尽すべからず。

吾が知る所人はしるまじきと思ふは愚なり。我に霊明あれば、人もまた霊明あり。豈《あに》おのれ一人知あつて天下みな愚ならんや。故に隠すことはなきものなり。

学術といへども亦然り。老仏《ろうぶつ》(1)、荘列《そうれつ》(2)、巣父《そうふ》(3)、許由《きよゆう》(4)が徒《ともがら》も無我無欲の心体を見ることは一なり。故に一毫《いちごう》の私念心頭を係縛《けばく》するものなし。只其見る所の風景異なり、故にわかれて異学となるのみ。
聖人《せいじん》の道は天を戴《いただ》き地を履《ふ》むで山河大地遺《のこ》すことなし。夫婦の愚不肖《ぐふしょう》も与《あずか》りしるべく能《よ》く行ふべし。天下仁義(5)に服せざる者なく、孝悌忠信《こうていちゅうしん》(6)を非《そし》る者なし。天竺仏氏《てんじくぶっし》の徒といへども、聖人の沢《たく》を蒙《こうぶ》り(7)て仁義の中に浴せずといふことなし。異学の風景のよく及ぶ所にあらず。天地万物の大本上より見下《みおろ》すが故なり。異学の徒もみな聖人の別派なり。大道《だいどう》に背くことあたはず。

【訳文】

一、諸流儀いずれもその究極の原理に至っては同一である。いろいろと流儀があるのは、各流儀の先覚者が修練した経験から、自分が入りやすいと思う門戸から弟子を導き入れているだけのことである。

しかしながら、修行過程での経験に愛着を感じ、そこに執心してこれこそ真理と思い込む者が多い。そんなことから末端の流儀が数多く発生し、お互いに是非を争っているように思われる。諸流儀の究極の原理には、是非を争うようなことはないのである。そのような修行過程の経験は皆ただそのように思い込んだだけのことである。大本の原理は一つであり、二、三はない。それが色々と分かれる場合は、善悪があり、邪正があり、剛柔があり、長短がありということになり、それらの末端に至っては到底論じ尽くすことはできない。

自分が知っていることを他人は知るはずがないなどと思うのは愚かである。自分に叡知があるならば、他人にもまた叡知があるのである。どうして自分だけに知恵があって、世の中の人が皆愚かだというようなことがあろうか。だから、何も隠すことはないのである。

学術の場合もまた同じである。老子《ろうし》、仏教、荘子《そうし》、列子《れつし》、巣父《そうほ》、許由《きよゆう》の学徒達も、究極において無我無欲の心の本体を見ることは同一なのである。それ故、ほんの少しの私念も心を束縛することはない。ただ、そこに至る途中の見方が異なるために、分かれて異学となっているだけのことである。

聖人の道は天をいただき、しっかりと地に足をつけて歩み、あたかも山河も大地も残すところがないというように、あらゆる分野に通じている。たとえば夫婦間の愚かな些事にもきちんと取り組み、善処するであろう。天下に仁義に従わない者はおらず、孝悌忠信を悪く言う者はいない。インドの仏教徒でさえも、聖人の思想に触れれば必ず仁義の教えを受け入れるであろう。それは異学の徒の中途半端な思想が及ぶところではない。この世のすべての物の大本ともいうべきものが上から見下ろしているからである。異学の徒といえども皆聖人の別派なのである。大道に背くことはできない。

【注】

（1）老仏…老子の学と仏陀の教え。仏老。老僧の尊称。
（2）荘列…『荘子』と『列子』との二書。いずれも道家の重要文献。
（3）巣父…古の隠者。尭《ぎょう》が天下を譲ろうとしたが受けなかった。許由と並称する。
（4）許由…尭の世の高士。尭が天下を譲ろうとしたが、それを拒絶して箕山《きざん》に隠れた。
（5）仁義…仁も義ももともと孔子の説くところで、孟子の説では、仁義は儒教で最も重んずる徳目で、博愛と正しい行いの意。
（6）孝悌忠信…孝は、よく父母に仕える行為。悌は、よく兄長にしたがい仕える行為。忠は、よく主君に仕える行為。信は、信実なこと。
（7）沢を蒙る…沢は、うるおう、うるおいの意があり、蒙るには、うけるの意がある。

【原文】

一、問ふ。

清濁は陰陽なり。何ぞ唯清を用ひて濁を去るや。

曰く。

濁も用ふる所あり。然れども剣術は其用の速《すみ》やかなるを貴《たつと》ぶ。陰陽はなくて叶《かな》はず。只其清を用ひて濁の重きを用ひざるのみ。物を乾かすには火を用ひて水を用ひず。各々其用によるのみ。

心の聡明痴鈍《そうめいちどん》も亦気の清濁のみ。気清きものは自性《じしょう》の霊覚遮《れいかくさえぎ》るものなり。質《うまれつき》おのづから聡明なり。心体もと虚霊《きょれい》にして昧《くら》きことなし。唯濁気《だくき》其霊明を掩《おお》ふが故に、愚をなし、痴《ち》をなし、鈍をなす。昏《くら》くして理に通ぜざる、是を愚といふ。滞《とどこお》りて遅き、是を鈍といふ。濁気はなはだ重く、其渣滓《さし》にひかれ、念住《とどま》つて暗中に迷妄《めいもう》し、思ふ所を捨つることあたはず、おのれにも決せず、人にも従がはず、常に苦しんで止まず、是を痴といふ。凡人の生質千差万別なりといへども、みな濁気の浅深厚薄のみ。

心は気の霊なり。此気の在るところ霊あらずといふことなし。此気なければ此霊なし。又人の船に乗つて水を渡るが如し。風烈《はげ》しく波あらき時は、舟、風にしたがひ波にひかれて其ゆく所をしらず。人、舟中《しゅうちゅう》にあつて安きことなし。濁気妄動して心の静かならざる象《かたち》またかくのごとし。風やみ波しづかなる時は、始めにかへつて乗るものやすきことを得たり。

人心の邪をなし身を危ふする、みな濁気の妄動のみ。其大本は慾の巌穴《がんけつ》より吹出だす所の大風なり。慾も亦《また》濁気の偏《へん》なり。又偏屈にして情のこはきものは、陰気の凝《こ》り固まつて力あるなり。心騒がしく、とり認《とめ》なきものは陽気の根なきなり。懼《おそ》るる者は気の餒《う》ゑて体に充たざるなり。心の決せざる者は気の弱《じゃく》にして定まらざるなり。亦痴《ち》にちかし。是等はみな濁気の病なり。

又聡明にして篤実《とくじつ》なる者は、陰陽和して欠闕《かんけつ》なきものなり。(1)知明敏にして行ひ篤実ならざる者は、清陽の気勝ちて陰精の薄きなり。行ひ篤実にして知明敏ならざる者は、陰精の勝ちて清陽の気薄き也。陰中の陽、陽中の陰、其中の過不及《かふきゆう》浅深、厚薄、千差万別、論じ尽すべからず。類を推して細かに察する時は、みな陰陽清濁に漏るることなし。上は天地の大より下は蚤虱《のみしらみ》の微物までも、陰陽の気充たざれば、其形の用を成すことあたはず、今ここには其大略を語るのみ。

【訳文】

一、次のように質問した。

清らかさと濁《にご》りとは陰陽のようなものである。どうして清らかさだけを採用して濁りを捨て去るのであろうか。

次のように答えて言った。

濁りも採用することはある。しかしながら剣術は技の速さを貴ぶ。だから、陰陽はなくてはならないが、ただ清らかさだけを用いて濁りの重さを用いないのである。物を乾かすには火を用いるが水は使わない。それぞれの場合にその用途によって選択するだけのことである。

心の聡明さと痴鈍さもまた気の清濁の違いだけなのである。気の清らかな者が、本来具わっている優れた心のはたらきを遮《さえぎ》るものなのである。人の性質は生まれつき聡明なのである。心の本体はもともと邪念のない優れたものであり、愚かなことはない。ただ、濁った気が優れた心のはたらきを覆ってしまっているために、愚かなことをしたり、痴《おろ》かなことをしたり、鈍いことをしたりするのである。濁気に覆われて道理がわからなくなっていることを愚と言う。濁気に覆われ停滞してなかなか先に進めないことを鈍という。気の濁りが非常に重く、その濁りの残りかすに引かれるように様々な思いがでたらめに行き交い、そんな思いを捨てることもできず、自分で決定もできず、そうかといって人に従うこともせずにいつも苦しみ続けているのを痴《ち》と言うのである。凡人の性質は千差万別であるといっても、それらは皆、気の濁りが深いか浅いか、厚いか薄いかの違いだけなのである。

心は気の主である。気が存在するところには必ずその主である心が存在する。気が存在しなければ、その主である心も存在しない。それはまた人が舟に乗って水の上を渡るようなものである。風がはげしく波の荒いときは、舟は風に押され波に引かれて何処に行くのかもわからない。舟に乗っている人は不安である。濁った気が妄動しているため心が静かでない状態も、まさにそのようなものである。風が止み波が静かになったときは、乗る人も風が吹き出す前と同じで安心していられる。

人の心が悪くはたらいて身を危うくするのは、みな濁った気が妄動するからに他ならない。その大本は欲の洞窟の穴から吹き出す強風なのである。欲もまた濁った気と同類である。また偏屈で強情な者の場合は、陰気が凝《こ》り固まって強い影響を与えている。心がやたらと騒がしい者の場合は、根拠のない陽気がはたらいている。恐れている者の場合は、気が欠乏してしまって身体に充満しないのである。決心しない者の場合は、気が弱くて定まらないのである。それはまた痴に近似している。これらは皆、濁った気のもたらす病である。

また、聡明で篤実な者の場合は、気の陰陽が調和して不足がないのである。知性が明敏であっても行いが篤実でない者の場合は、清らかな陽気が勝って細やかな陰気が薄いのである。行いが篤実であっても知性が明敏でない者の場合は、細やかな陰気が勝って清らかな陽気が薄いのである。陰中の陽、陽中の陰というか、それらの過不足、浅深、厚薄は千差万別であり、とても一概には論じ尽くせない。いろいろ類推しながら細かに観察すれば、いずれもみな気の陰陽清濁の差によってその違いが生じることがわかる。上は天地のような大きなものから下は蚤《のみ》や虱《しらみ》のような小さなものにいたるまで、もし陰陽の気が充ちることがないならば、それぞれのものがその役割を果たすことはできないのである。今ここではその概略を話したまでのことである。

【注】

（1）欠闕…足りない、欠けているさま。小知を意味することもある。

【原文】

一、何を以てか此気を修せん。

曰く。

唯《ただ》其濁を去るのみ。陰陽の気は生々変化して天地万物の大本たり。濁は陰気の渣滓《さし》なり。渣滓は止まつて活せず。陽の助けを得てうごくゆゑに、其用おもくしておそし。清水に泥を加ふるときは忽《たちま》ち濁水となるが如し。既に濁水となるときは物を浄《きよ》むることあたはず。物に洒《そそ》げば却《かえ》つてものを垢《けが》す。故に学術は良知の明を以て気の濁を去るのみ。濁気去るときは気生活し、心体ひとりあらはる。迷心直ちに本心となる。此心二つあるにあらず。

【訳文】

一、どのようにしてこの気を修練すればよいのであろうか。

次のように答えて言った。

ただ気の濁《にご》りを除去するだけのことである。陰陽の気は生き生きと様々に変化しており、天地万物の大本である。しかし、濁りは陰気の滓《かす》である。滓は止まって動かず、陽の助けを得てはじめて動くために、そのはたらきは重くて遅い。清水に泥を加えるとたちまち濁水になるようなものである。すでに濁水となってしまった場合には物を洗い清めることはできない。物に注げばかえって物を汚してしまう。だから、学術は人に本来具わった知性の明らかさをもって気の濁りを除去することを目的とする。気の濁りを除去したときには気が生き生きとはたらき、余分な物の付着しない心の本体だけが現れる。迷っていた心が直ちに本来の心となる。もともと心は二つあるわけではないのである。

【原文】

一、陰陽もと一気なりといへども、すでに分るるときは、其用千差万別の異なるあり。其用の異なる所を見て其本の一なる所をしらざる時は、道明らかならず。其本の一なる所を知つて其用の異なる所をしらざれば、道行はれず。唯《ただ》心に試みて審《つまび》らかに工夫すべし。言説《ごんせつ》の尽す所にあらず。今木《こ》の葉《は》天狗《てんぐ》ども心体に通じて解《げ》せざる故に、有無の迹《あと》を以て論ずるのみ。

此心の気中に存ずる、魚の水中に游泳するがごとし。魚は水の深きによつて自在をなす。大魚は深淵にあらざれば游泳することあたはず。又水涸るる時は魚困《くる》しみ、水尽くる時は魚死す。心は気の剛健によつて自在をなす。気乏しきときは心憔《かじ》け、この気つくるときは心無に帰す。かるがゆゑに水うごく時には魚おどろき、気うごく時は心おだやかならず。

【訳文】

一、陰陽はあってももともと気は一つなのであるが、すでに陰気と陽気とが分かれている場合は、その陰陽の度合いには千差万別の違いがある。その度合いが異なる所だけを見て、もともと気が一つであることを知らなければ、道は明らかにはならない。また、気がもともと一つであることを知ってはいても、陰陽の度合いが異なることを知らなければ、道は行われない。このことはただ心の中で試みて詳細に工夫すべきことである。言葉では言い尽くせないことである。今のところ天狗達はこのことを心の本体を通して理解していないのだから、そのような試みをした上で、その結果の有無によって議論するしかなかろう。

このように心が気の中に存在することは、あたかも魚が水中を遊泳するようなものである。魚は水の深さがあるから自在に遊泳するのである。大きな魚は深い淵でなければ遊泳することはできない。また水が涸れる時には魚は苦しみ、水がなくなった時には魚は死んでしまう。それと同じで、心は気の剛健さによって自在でいられるのである。気が乏しい時には心も憔悴し、さらに気がなくなった時には心も存在しなくなる。そんなわけで水が動く時には魚は驚き、気が動揺する時には心も穏やかではないのである。

【原文】

一、勝負の事にかぎらず、一切の事、天にまかすると運にまかするとの異なることあり。

剣術は常に勝負の理を究め、人事は其当然の義理を尽してわたくしの巧を用ひず、為して恃《たの》まず思ふて執滞《しゆうたい》することなき、是を天にまかするといふ。人事を尽す所すなはち天にまかするなり。百姓の農業をつとむるがごとく、耕し種まき芸《くさぎ》つてその長ずべき道を尽し、洪水、旱魃《かんばつ》、大風は我が力の及ばざる所、是を天に任するなり。人事をも尽さずして天に任すといふ分にては、天道請取《うけと》り給ふべからず。只自然に来る所を期《ま》つ、是を運に任するといふ。但《ただ》し、さしあたり迷ふて決断せざる者には、運に任せよといふこともあるべし。

【訳文】

一、勝負のことに限らず、一切のことが、天に任せるのと運に任せるのとでは異なるのである。

剣術においては常に勝負の理を究めること、そして人の世の事柄においては為すべき当然の義理を尽くして私利私欲を計らず、為すべき事を為して何かをあてにせず、何かに執着したり迷ったりしないこと、これを天に任せると言う。人事を尽くすことが天に任せるということである。それは農民が農作業に精を出すようなもので、田畑を耕し、種をまき、除草して作物が育つために為すべきことをすべて為したうえで、洪水、旱魃《かんばつ》、強風は自分の力の及ばない所であるから、これを天に任せるのである。人事を尽くさずに天に任せるというようなことでは、お天道様もこれはお受け取りにならないであろう。

こちらは何もせずに、ただ向こうから独りでにやってくる所に期待すること、これを運に任せると言うのである。ただし、さしあたり迷って決断せずにいる者に対しては、運に任せろと言うこともあるではあろう。

【原文】

一、問ふ。

心体は形色声臭なし。妙用は神にして測り知るべからず。何を以てか心を修せん。

曰く。

心体は言《い》を容るべからず。只七情(1)のうごく所、意の知覚する所、応用の際《あいだ》において其過《か》不及《ふきゅう》を制し、私念の妄動を去り、自性《じしょう》の天則にしたがはしむるのみ。

其手を下す所は良知の発見による。何をか良知といふ。心体の霊明《れいめい》是非邪正を照らして、天地神明《てんちしんめい》に通ずるもの、是を知るといふ。凡人は濁気の妄動に掩《おお》はれて、其照らし全からず。罅隙《かげき》(2)よりわづかに発見するもの、是を良知といふ。一念頭に於《おい》て是《ぜ》をしり、非をしり、人の誠《まこと》あるに感じ、みづから不善をなして内に快《こころよ》からざることをしるもの、是なり。其情にうごいては怵惕惻隠《じゅってきそくいん》(3)の心生じ、親を愛し子を慈《いつく》しんで、兄弟相したしんで已《や》むべからざるもの、是を良心といふ。其良知を信じて此にしたがひ、其良心を養うて私念を以て害することなきときは、濁気の妄動おのづからしづまり、天理《てんり》の霊明ひとりあらはるべし。

私念はおのれを利するの心より生ず。おのれを利するに専らなるときは、人に害あるをもかへりみず、終《つい》によこしまをなし、悪をなし、身を亡《ほろ》ぼすに至る。心を修すると気を修すると二事にあらず。故に孟子《もうし》浩然《こうぜん》の気をやしなふの論(4)、ただ志《こころざし》を持するにあつて、別に養気の工夫なし。

【訳文】

一、次のように質問した。

心の本体には形も色も声も臭いもない。心の絶妙の働きは神技であり、測り知れない。一体どのようにして心の修養を積めばよいのであろうか。

次のように答えて言った。

心の本体を言葉で表現することはできない。それはただ喜怒哀楽等の七種の感情が働く所であり、また思念が認識作用を為す所であって、人が物事に対応するに際して、それらの感情や思念のはたらきに過不足がないように制御し、私念の妄動を排除して、そこに本来具わっている自然の法則に従わせるという働きをする器官だといえるだけである。

心の修養のために手をつけるべきところは良知の発見である。では何を良知というのであろうか。心の本体の優れて明晰な人の場合は、是非邪正を照見する場合に天地神明に通ずるものを見取るのであるが、これを知るというのである。凡人の場合は、濁《にご》った気の妄動に覆われてしまって完全な照見はできず、その隙間から照見して是非邪正をわずかに発見するのであるが、これを良知というのである。ふと考えたときに物事の是非を知り、人に誠意のあることを感じ、自分が不善をなしながら内心不快であることを知るのがそれである。そのような感情が働いて惧《おそ》れ憐れむ心が生じ、親を敬愛し、子供を可愛がり、兄弟仲良くして、それをずっと続けようとすること、これを良心というのである。そのような良知を信じてこれに従い、そのような良心を大切にして私念により害するようなことがない場合は、濁った気の妄動は自然に静まって、天理に適った明晰さだけが現れてくることになろう。

私念は自分が得をしたい心から生じる。自分の利益だけを考えている場合は、人に害を与えることも顧みず、ついには善くないことをし、悪事をはたらいて身を亡《ほろ》ぼすことになる。心を修練することと気を修練することとは別の事ではない。だから、孟子《もうし》の浩然《こうぜん》の気を養うの論は、ただ志《こころざし》を持するということだけを説き、別に気を養うための工夫は論じていないのである。

【注】

（1）七情…七種の感情。『礼記《らいき》』では喜・怒・哀・懼《く》・愛・悪《お》・欲を、仏家では喜・怒・哀・楽・愛・悪・欲を掲げる。

（2）罅隙…すきまのこと。

（3）怵惕惻隠…怵惕《じゅってき》はおそれて心安からず。惻隠《そくいん》はあわれむ、あわれみ。惻は傷の切なる、隠は痛みの深きこと。

（4）孟子浩然の気をやしなふの論…『孟子』公孫丑章句上《こうそんちゅう》より。弟子の公孫丑の質問に対して孟子はおよそ以下のように答える。――意志と気は密接につながっている。気は生体のすみずみにまで充満しており、意志はその気を統率するものである。だから、意志をしっかりさせて気を乱さないようにと一般に言われている。しかし、気が意志を動かすこともある。そこで、わたしは浩然の気を養っている。それは大きくて強いものであり、正義・道徳と共存するものである。この浩然の気は、心中の正義に出合って生ずるものである。不道徳心は浩然の気を害する。浩然の気を養うよう常に心掛けることが大切で、努力を怠ってはならない。また、結果を急ぎすぎてもならない。

【原文】

一、問ふ。仏家《ぶつけ》に意識《いしき》を悪《にく》み去る(1)は何ぞや。

曰く。

仏法の工夫は吾しらず。意識はもと知の用なり。にくむべきものにあらず。只情を助けて本体をはなれ、みづから専らにすることをにくむのみ。

意識は士卒のごとし。将、物のために掩《おお》はれ、暗弱《あんじゃく》にして勢なきときは、士卒将の下知を用ひず、みづから専らにして私の謀《はかりごと》を用ひ、私のはたらきをなして陣中和せず、妄動して備へ騒ぎ、終《つい》に敗軍の禍を取るものなり。此時にあたつては将如何《いかん》ともすることあたはず。古《いにしえ》より大軍の騒ぎ立ちたるはしづむることあたはずといへり。意識みづから専らにして情欲を助け妄動する時は、みづから其非をしるといへども制しがたきものなり。是意識の罪にはあらず。将、知勇あつて法令明らかなる時は、士卒、将の命を慎みて私のはたらきをなさず、下知にしたがつてよく敵を破り、備へをかたくして敵のために破らるることなし。是士卒のはたらきゆゑに将大功《たいこう》を立つるなり。

然らば意識も心体の霊明にしたがひ、自性《じしよう》の天則(2)によつて知覚のはたらきをなし、みづから専らにするの私なくんば、知の用をなして国家の政《まつりごと》をたすく。何ぞ意をにくむことをせん。聖人毋《い》レ意《なし》(3)といふは、意みづから専らにすることなく、知覚みな自性の天則にしたがひて意の迹《あと》なし。故に毋《い》レ意《なし》といふ。

【訳文】

一、次のように質問した。

仏僧が意《い》と識《しき》を憎み、それらから離れるのはどうしてだろうか。

次のように答えて言った。

仏教の工夫については、わたしは知らない。意と識とはもともと知恵を働かすために必要なものである。憎むべきものではない。ただ、情欲を助けて心の本体を離れ、もっぱら自分の利益のために動くことを憎むだけなのである。

意と識とは士卒のようなものである。将軍が何事かに捉われて目が眩み、愚かで弱く勢いのない場合は、士卒は将軍の命令に従わず、自分の利益だけを考え自分の謀略を用いて自分勝手な働きをし、部隊は一つにまとまらず、妄動して隊列が乱れ、ついには敗軍という禍を受けることになる。このような場合にあたっては将軍は何もすることができない。昔から、大軍が騒ぎ立った場合は鎮めることはできないと言われている。意と識とが勝手にはたらき、情欲を助けて妄動する場合は、自分ではそれがよくないことと知ってはいても、制御できないものである。しかし、これは意や識が悪いわけではない。将軍に知恵と勇気があって、規律が明らかな場合は、士卒は将軍の命令を謹んで受け、自分勝手な働きはしない。命令に従ってよく敵を打ち破り、備えを固くして敵に破られることはない。これが士卒の働きによって将軍が大功《たいこう》を立てるということである。

そこで、意と識も心の本体の優れた明晰さに従い、そこに本来具わっている自然の法則に従って知性の働きをし、自分勝手な私欲がなければ、知恵が働いて国家の政治のために役立つのである。どうして意を憎むようなことをしようか。聖人が私意無しというのは、聖人の場合は意が自分勝手に働くことなく、認識機能がすべて心の本体に本来具わっている自然の法則に従って働くために、意の働いた跡も残らない、それ故に私意無しというのである。

【注】

（1）意識を悪み去る…巻之二、四八―四九頁の注（7）、（8）、（10）参照。意は五蘊《ごうん》の行《ぎょう》（意志作用）を、識は五蘊の識（認識作用）を意味する。ただし、行と識は五蘊の重要な二要素なので、「意識」という表現は「五蘊」の意味にも解釈できる。悪み去るとは、五蘊はみな空《くう》（からっぽ）であると照見し、五蘊を無視したことを指す。
（２）自性の天則…自性は本来備わっているの意。天則は自然の法則の意。
（３）毋意…六九頁注（７）を参照。

【原文】

一、問ふ。

古《いにし》へ中華にも剣術の伝ありや。

曰く。

吾いまだ其書を見ず。和漢共に古へは気の剛強活達を主として生死をかへりみず、力を以て角《あらそ》ふと見えたり。荘子《そうじ》の説剣《せつけん》(1)の篇等を見るにみな然り。只達生《たっせい》(2)の篇に闘雞《とうけい》を養ふの論(3)あり。全く是剣術の極則《ごくそく》なり。然れども荘子剣術のために論ずるにあらず。只気を養ふの生熟を論ずるのみ。理に二つなし。至人《しじん》の言は万事に通ずるものなり。心を付くれば一切の事みな学問とも剣術ともなるべし。

和朝の古き剣術の書を見るに、曾《かつ》て高上の論なし。只軽業早業《かるわざはやわざ》の術を習ふと見えたり。多くは天狗を以て祖とす。惟《おも》ふに生得《しょうとく》の勇はみな其身に備はつて語るべき所なし。只業を習ひ、気を修して、其内にて生得の勇をやしなふと見えたり。かるがゆゑに論ずべきことなし。今世間文明になつて初学より玄妙《げんみょう》の理を論ずといへども、預りものの如くにして、其実は古人《こじん》に及ばざること遠し。学問も亦しかり。

【訳文】

一、次のように質問した。

昔、中国にも剣術の伝書はあったのであろうか。

次のように答えて言った。

わたしは未だそのような書物を見ていない。日本でも中国でも昔は気の剛強闘達を主として生死を考えず、力によって格闘したものと思われる。『荘子《そうじ》』の「説剣《せつけん》の篇」などを見ても皆そうである。ただ、「達生《たつせい》の篇」に「闘鶏を養う」の論があって、これはまさに剣術の究極の原理である。しかしながら、荘子は剣術のためにこれを論じたのではない。ただ気を養う段階がまだ中途か成熟したのかを論じているだけである。しかし、真理は一つである。道の究極に達した人の言葉はすべての事に通じるものである。心掛ければ、すべての事がみな学問とも剣術ともなるのであろう。

日本の古い剣術書を見ても、昔は高上論はない。ただ軽業《かるわざ》、早業《はやわざ》の術を習うようなものと見受けられる。多くのものは天狗をその元祖としている。考えてみると、天性の武勇はみなその身に付いているので、今さら語るべきこともないのであろう。ただ技を習い、気を修することによって、その間に天性の武勇に磨きをかけたものと思われる。そうであるが故に論ずべきこともないのである。今、世間は文明の世になって、習い始めの内から幽玄微妙の理論を論じてはいるが、それらは他人からの預かり物のようなもので、その実体は古人にはるかに及ばない。学問もまた同じである。

【注】

（1）荘子の説剣の篇…『荘子』雑篇、説剣篇第三十。荘子が趙《ちょう》の文王《ぶんおう》に天子の剣、諸侯の剣、庶人の剣を説き、為政を正す話。昔、趙の文王が剣術を愛好し、剣士を集めて試合見物に明け暮れて為政を怠っていた頃、太子の悝《かい》の依頼を受けて荘子が文王を諫める話である。荘子は一剣豪として文王に目通りし、自分の持つ三本の剣について語る。その三本とは、天子の剣、諸侯の剣、庶人の剣で、天子の剣は天下を統治するもの、諸侯の剣は知勇・清廉・賢良・忠聖・豪傑であること、庶人の剣は身だしなみもなくただ相手と殺し合う剣で闘鶏と変わらないと説く。そして、文王が天子のような位にありながら庶人の剣を好んでいることを諫める。

（2）達生の篇…『荘子』外篇、達生篇第十九。天命を悟った人の心体の安らぎを説く。この篇は総論と各論から成る。総論では、生命の真実を知り、運命の真実を知った者は、自分ではどうにもならないことについて迷動しない。そのうえ世俗への関心を捨て去れば種々の煩わしさから解放され、新境地が開け、自分自身を天地自然と一体化して観ることができるようになると説く。

各論は、達人の境地を十二の説話を通して語る。その七番目が次項の「木鶏の話」である。
（3）闘雞を養ふの論…紀渻子《きせいし》が王のために闘鶏を養っていた。十日たって王がたずねた。「鶏はできあがったか」と。紀渻子が答えた。「まだです。やたらに威張って気に頼っています」と。それから十日後に王がまたたずね、紀渻子が答えた。「まだです。音がしたり影がさしたりすると、まだそれに反応します」と。また十日たって王がたずね、彼が答えた。「まだです。相手を睨みつけ血気にはやります」と。それから十日たって王がまたたずね、紀渻子が答えた。「できあがりました。他の鶏が鳴いても、もう何の変化も示しません。離れて見ていると、まるで木で作った鶏のようです。その徳は完全なものです。他の鶏でこれに立ち向かう者はなく、みな背を向けて逃げます」と。——ちなみにこの話は、相撲の双葉山が六十九連勝ののち安芸海に敗れたときに、「われ未だ木鶏たりえず」と述べたことで知られる。

【原文】

一、問ふ。

剣術は心体の妙用なり。何ぞ秘する事あるや。

曰く。

理は天地の理なり。我が知る所天下何ぞ知る者なからん。秘する者は初学のためなり。秘せざれば初学の者信あらず。是《これ》をしふる者一つの方便なり。故に秘することはみな事《わざ》の末なり。極意《ごくい》にはあらず。

初学の者何の弁《わきま》へもなく、みだりに聞き、あしく心得てみづから是《ぜ》とし、人にかたるときはかへつて害あり。かるがゆゑに其得心《とくしん》すべきものならでは教へずと見えたり。其極則《ごくそく》に至つては同門にあらずといへども、広く語りてかくすことなし。秘することは多くは兵法の方便なり。未熟の者に秘して教へ、一旦の勝ちを取る気然《きぜん》を助くる術もあるべし。

又他より見て、其意《こころ》をも知らず、浅間《あさま》なることなりとて、妄《みだ》りに評を付けることを厭《いと》ふて、かくすこともあるべし。一概には論ずべからず。一切のこと正道《せいどう》にかくすことはなきものなりといへども、言の漏れて害になることあるをば、品によりて隠密《おんみつ》することもあるべし。

剣術の事と世間応用の事と其理替《かわ》ることなし。剣術のことにおいて心を用ひ、其邪《じゃ》正《しょう》真偽を精《くわ》しく弁へ知り、是《これ》を日用応接の間に試み、邪は正に勝つことあたはざる所をよく自得せば、是ばかりにても大なる益なるべし。

【訳文】

一、次のように質問した。

剣術は心と体を巧妙に使うための技である。それなのに、どうして秘密にするような事があるのだろうか。

次のように答えて言った。

剣術の原理は天地自然の原理である。だから、わたしが知っていることについて他に知っている人がいないなどということはあり得ない。秘密にするのは初心者のためなのである。秘密にしなければ、初心者はまだ信用できないのである。それは剣術を教える者の一つの方便である。だから、秘密にするのはみな末端の技である。極意を秘密にするわけではない。

初心者は何の弁《わきま》えもなくでたらめに聞きかじり、誤解して、それを自分では正しいと信じて他人に語ったりする。そのような場合にはかえって害になるのである。だから、初心者がよく理解できることでなければ教えないということであろう。剣術の究極の原理については、相手が同門の人でなくても広く語り合い、隠すことはない。秘密にするのは、多くの場合、兵法の方便である。未熟者には末端の真理を秘密にして技を教え、一度は勝ちを収めるような気構えを得る助けとするという方法の場合もあろう。

また、他から見てその真意も理解せずに、あさはかなことだなどとみだりに批評されることを嫌って秘密にすることもあるであろう。だから、一概に論ずることはできない。一切の事を天下正道に公にし、隠すことはないものであるとは言っても、言葉が漏れ伝わって害になることもあるので、種類によっては秘密にすることもあるであろう。

剣術に関する事柄と世間一般に対応する事柄とにおいて、その根底に存在する原理に変わりはないのである。剣術に関する事柄につき心を尽くしてその正邪真偽の程を精《くわ》しく理解し、そうして得たものを日常生活の中で試みて、邪悪は正義に勝ることがないことを自得すれば、それだけでも大きな収穫であろう。

【原文】

一、心は明らかにして塞《ふさ》がることなきを要とす。気は剛健にして屈することなきを要とす。心気はもと一体なり。分けていへば火と薪《たきぎ》のごとし。火に大小なし。薪不足なれば火の勢ひ熾《さか》んならず。薪湿《しめ》るときは火光《かこう》明らかならず。

人身一切の用はみな気のなす所なり。故に気剛健なる者は病生ぜず。風寒暑湿にも感ずることなし。気柔弱なる者は病も生じ易く、邪気にも感じ易し。気病むときは心苦しみ、体疲る。医書に曰く、百病は気より生ずと。気の所《かわるところ》レ変を知らざる者は病の生ずる所をしらず。故に人は剛健活達の気を養ふを以て基本とす。

気を養ふに道あり。心あきらかならざれば、此気途を失ひて妄《みだ》りに動く。気妄動するときは、剛健果断の主を失ひ、小知を以て却つて心の明を塞ぐ。心昧《くら》く気妄動するときは、血気盛《さか》んなりといへども事自在《ことじざい》ならず。血気は一旦にして根なし。動いて其迹《あと》虚なり。是等の事は剣術の事《わざ》を以て試みてしるべし。故に初学の士は、先《ま》づ孝悌の人事を尽し、人欲を去るにあり。人欲妄動せざるときは気収まつて執滞《しゆうたい》せず。剛健果断にして能《よ》く心の明を助く。気剛健ならざるときは事決せず、決せざる所より小知を用ひて心体の明をふさぐ。是を惑《まどい》といふ。

剣術も亦然り。神定まつて気和し、応用無心にして事《わざ》自然にしたがふ者は其極則《ごくそく》なり。然れども其初めは先づ剛健活達の気を養つて、小知を捨て敵を脚下に敷き、鉄壁といふとも打砕く大丈夫《だいじようぶ》の気象にあらざれば、熟して無心自然の極則にいたることあたはず。其無心と思ふものは頑空《がんくう》に成り、和と思ふものは惰気なり。唯剣術のみにあらず、弓馬一切の芸術といへども、先づ大丈夫の志を立て、剛健活達の気をやしなはざれば事《わざ》ならず。

此気はもと剛健活達にして生の原《もと》なり。人只やしなひを失ふのみにあらず、小知を以て害するが故に、怯弱《きようじやく》にして用をなさず。世間一切の事みなしかり。

前に論ずるごとく、気は心を載せて一身の用をなす者なり。自身に試みてしるべし。只書を読み人の言を聞きたるのみにして自身にこころみざれば、道理のうはさになりて身の用をなさず。是をうはさ学問といふ。学術芸術一切の事其理を聞いて、みな自身に試み心に証する時は、其事の邪正難易たしかにしらるるものなり。是を修行といふ。

【訳文】

一、心は明快で塞がることがないことが肝要である。気は剛健で屈することがないことが肝要である。心と気はもともと一体なのである。これをあえて分けて表現すれば、火と薪《たきぎ》のようなものである。火に大小はない。薪が不足すれば火の勢いは盛んにはならない。薪が湿っていれば火は明るい光を発しない。

人の身体の一切の作用はみな気が掌《つかさど》っている。だから、気が剛健な者に病気は発生しない。風寒暑湿にも苦痛を感じることがない。気が柔弱な者は病気も発生しやすく、邪気にも感じやすい。気が病むときは心が苦しみ、身体が疲れる。医書にも、すべての病は気から生ずると記されている。気が変化する所を知らない者は、病が発生する所を知らない。だから、人は剛健闊達の気を養うことを基本とするのである。

気を養うための方法がある。心が明快でなければ、気は行き場を失って妄動する。気が妄動する場合は、剛健果断をなすための拠り所を失うこととなり、小ざかしい知恵を働かすこととなって、かえって心の明快さを塞いでしまう。心が曖昧で気が妄動する場合は、血気盛んであるとは言っても物事は自在には動かない。血気は一時的なもので根拠がないのである。動いてもその跡は何も残らない。これらの事は、剣術の技をもって試み、自得すべきことである。それ故に、初学者にとって大切なことは、まず親に対する孝行、長上者への悌順に努力の限りを尽くし、欲望を捨て去ることである。欲望が妄動しない場合は、気が安定し、何かに捉われて滞ることもなく、剛健果断に働いてよく心の明快さを助けるのである。気が剛健でない場合は物事が解決せず、その解決しないところから小ざかしい知恵を働かせることとなり、心の本体の明快さを塞いでしまうこととなるのである。これを惑いという。

剣術もまた同様である。精神が安定し、気が和み、応用動作は無心で、技がその動きに自然に従う者は、その究極の原理に達した者である。しかしながら、初めの内はまず剛健闘達の気を養って、小ざかしい知恵を捨て、敵を脚下に敷き、鉄壁といえども打ち砕くという、益荒男《ますらお》の気性でなければ、熟達して無心自然の究極の原理に達することはできない。そうでなければ、無心と思うものはただ全くの空っぽとなり、和と思うものはただの惰気となるばかりである。これはただ剣術についてだけ言えることではない。弓馬やいっさいの武芸心術についても、まず益荒男の志を立て、剛健闘達の気を養わなければ技は成功しない。

この気は、もともと剛健闘達なものであって、生命の源なのである。それにもかかわらず、人はただ気を養うことを忘れているばかりか、小ざかしい知恵によって気を害している。そのために気が怯弱《きょうじゃく》になってしまって役に立たない。世間一切の事が皆そうなのである。

先に論じたように、気は心を載せて身体全体のためにその役割を果たすものである。そのことは自分自身で試してみて自得するがよい。ただ書物を読み、他人の言う事を聞くだけで、自分自身で試してみなければ、物の道理もただの噂話のようなものになって、自分自身の役には立たない。これを噂学問というのである。学術、武芸心術に関する一切の事は、その理論を聞いて、そのすべてを自分自身で試してみて納得した場合にかぎり、それらの事の邪正、難易度が確実にわかるものである。これを修行という。

巻之四

【原文】

一、問ふ。

槍に(1)直槍《すやり》、十文字、鎰《かぎ》、管《くだ》等の伝あり。いづれか利あらん。

曰く。

何ぞ問ふ事の愚なるや。槍は突くものなり。突くことの自在をなすは我にありて器《うつわもの》にはあらず。然《しか》れども或《ある》いは鎌をつけ、柄《え》に鎰を仕込み、或いは管をかけて用ふることは、其《その》先人の得たる所より其利を工夫し、其うつはものの働を極めて、此《こ》れを用ひて自在をなしたるものなり。今其流儀を学ぶ者は、初めより其器にて仕習ひたることなれば、他の器よりは手に熟したる器を以てはたらきたる方利あるべし。達して己に得るに至ては、棒をもちても槍となるべし。

今、後学其門弟をあつめて、横手物《よこてもの》(2)には此《この》あひしらひにてかち、管、直槍には此通りにかかり、鎰《かぎ》にはかくの如《ごと》くして勝つなどいふは、我が門弟に他の器に応ずることを教へ、我がうつはものの利を説くのみ。然らざれば其流儀の器をもちたる得なし。もし是《これ》を至極《しきよく》と心得て、十文字は入り込んで来り、鎰槍は直槍の柄《え》をからむものなりとのみ思はば、大いに相違あるべし。然れども先師の教ふる所をもつぱらに習熟すべし。其上のことなり。あしく心得れば初学の迷ひを生ず。

初学の取入るべきやうなき者のために、しばらく収気の術を記す。此れ小童《しようどう》に倣《なら》はすべきことなり。

【訳文】

一、次のように質問した。

槍では素槍《すやり》、十文字槍、鉤槍《かぎやり》、管槍《くだやり》などが伝えられている。どれが有利なのであろうか。

次のように答えて言った。

何という愚かな質問であろうか。槍は突くための道具である。自由自在に突けるようになるのは自分自身なのであって、槍という道具の問題ではない。しかしながら、鎌を付けたり、柄《え》に鉤を仕組んだり、柄に管をかぶせたりして槍を使うということは、それぞれ先人が会得したものに更に工夫改善を加えて、その道具の機能を極限にまで高め、そのような道具を使って自由自在に突けるようになったということである。そして、今の時代にその流儀を学ぶ者は、初めからその道具を使って練習してきたわけであるから、他の道具よりは使い慣れた道具で活躍するほうが有利であろう。上達してその道具を自由自在に使えるようになった場合は、たとえ棒を持っても槍と同じ効果を生むであろう。

今の時代、後継の師匠がその門弟達を集めて、横薙《よこな》ぎの武器にはこう対応して勝ち、管槍、素槍にはこのように攻めかかり、鉤槍にはこのようにして勝つなどと言っているのは、自分の門弟に他の武器に対応する方法を教えて、自分の道具の利点を説明しているだけのことである。そうでなければ、その流儀の道具を持つ意味がないからである。もしこれを最高のものと心得て、十文字槍は間合いに入り込んで来るもの、鉤槍の鉤は素槍の柄《え》を絡めるものだとばかり思っていると、事実とは大いに相違するであろう。しかしながら、先代の師匠の教えたことには専心して習熟すべきである。これらはその上での話である。そこを心得違いすれば初学のうちから迷いを生じてしまう。

初学で本論が何の役にも立たないような者のために、この後しばらくは気を収める術について記述する。これは小さな子供に習わせるべきことである。

【注】

（1）槍…直槍《すぐやり》（素槍《すやり》）、十文字槍（穂先の下部に左右の枝があって十文字の形をした槍）、鎰槍《かぎやり》（鉤槍。敵の槍をからみ落とす目的で、柄《え》に鉤を付けた槍）、管槍《くだやり》（柄に手頃の金属製の管を通し、柄の先の通刃の辺りにこれを留める鍔《つば》がある槍。左手でその管を握り、右手で柄をしごいて突く）。

（2）横手物……十文字槍を含み、刀、薙刀《なぎなた》の類を意味するものと思われる。

【原文】

一、先《ま》づあふのけに寝て肩を落し、胸と肩とを左右へ開き、手足をこころのままに伸べ、手を臍《ほぞ》の辺り虚欠《きよかん》(1)の所に置き、悠々として万慮《ばんりよ》を忘れ、とやかくと心を用ふることなく、気の滞《とどこお》りを解き、気を引さげ、指の先までも気の往《ゆ》きわたるやうに気を総身に充たしめ、禅家の数息観《すそくかん》(2)のごとく呼吸の息を数へ居るに、初めの内は呼吸あきものなり。漸々《ぜんぜん》に呼吸平らかになる時、気を活して天地に充つるがごとくすべし。息をつめ気を張るにはあらず、気を内に充たしめて活するなり。

此時に積聚《しやくじゆ》の病ある者は、胸腹の間其病のある所、必ずしだるく気味《きみ》あしきものなり。此《こ》すなはちあつまり凝りたる気の融和せんと欲して動ずるなり。腹のうち鳴るもの也。此時多くは腹の内の気味あしきにおどろきて止むものなり。此時は猶《なお》初めの開きて充ちたる気を改めず、掌《てのうら》を以てやはらかに抑へ揉《も》むべし。強く捫《ひね》るときは彼《かの》動ずる邪気にさからひ、却《かえ》つて鎮まらざるものなり。甚だ突上がる時は各別なり。総じて腹の上一所に久しく手を置く時は、気其所へあつまるものなり。故に充ちたる所に手を置かずして、虚《きょ》なる所に手を置くこと習ひなり。亦《また》背に病ある者は必ずせなかしだるくなるものなり。只《ただ》気のこらざるやうにすべし。肩と胸とを開くこと習ひなり。両の肩をぬき出すやうにひらく時は気伸ぶるものなり。

此れ形を以て気を開くの術なり。気滞る時は心滞る。心とどこほる時は気とどこほる。心気は一体なり。此術は先づ気の滞りを解きて、其倚《かたよ》る所を平らかにするの術なり。譬《たと》へば総身に蟻《あり》などのたかりてせはしきを、払ひ落して身を清くし、其上にて新らしき衣類を着し、綺麗なる所に居るがごとし。

神道に内清浄《ないしょうじょう》外清浄《げしょうじょう》といふことあり。内清浄は心を潔《いさぎよ》くして私念妄想《もうぞう》の穢《けが》れを去り、無欲無我の本体にかへり、元来固有の天真《てんしん》をやしなふなり。外清浄は身をいさぎよくして衣服居所を改め、気を転じて外の邪気の内へ移らざるやうにして内清浄を助くるなり。内外本一なり。内清浄の外に外清浄あるにはあらず。

心気もと一体なり。気は形の内を運《めぐ》つて心の用をなす。心は霊《れい》なり。かたちなくして此気に主たるものなり。気を修する時は心おのづから安し。此気妄動《もうどう》する時は心困《くる》しむ。たとへば船しづかなる時は乗者安く、波荒く船危ふき時は乗者安からざるが如し。故に初学の手を下す所、先づ気の滞りを解きて心を平らかにし、気を活して心の自在をなすべし。此迄《これ》は寝て散乱するの気を収め、倚《かたよ》る気を解きて平らかにするの術なり。かくの如くすること五七日或は十日二十日のうちに修して、みづから快《こころよ》きことを覚ゆべし。快き時は猶々此術を行ふべし。気収まりたらば気を活すべし。惰気《だき》にひかるべからず。気総身にみつるが如くわづかに心を活すれば、気活するものなり。

又昼は起きて形を正しうし、気を活して総身にみたしめ、正三派《しょうさんは》(3)の二王坐禅(4)のごとく、しばらくの内坐して気を収むべし。必ずしも線香を立て時を定め、結跏趺坐《けっかふざ》(5)するにも及ばず、常の如く坐して形を正しくし、気を活するのみ。しばらくのうちかくの如くして、一日に幾度も間暇《かんか》の時に修すべし。かくの如くすれば筋骨の束《つか》ね合ひ、血《けつ》脈流行《みゃくりゅうこう》して滞りなく、気実して病おのづから生ぜず。形正しからざれば気倚《かたよ》る所あり。

立つて修するも同じ。人と向ひ坐し、或は物に対し、または事を務むる時も同じ。胸と肩とを開きて気のかたよることなく、滞ることなく、総身指の先までも気の充ち渡るやうに心を付くべし。歌謡《かよう》して声を発する時も、飯を喫し茶を飲む時も、路をありく時も、常にかくの如く心を付くる時は、後に不断の事に成つて、自然に気活するものなり。不断かくの如くなる時は、不意の変に応ずること速やかなり。惰する時は死気に成つて用に応ずること遅きものなり。落付きたると油断と似て異なるものなり。みづから試みてしるべし。

此れ文才なく初学幼童といへども、心を付くれば労する事をなくして成り易きことなり。小子輩の立廻り(6)、茶の湯、蹴鞠《けまり》、一切の小芸舞躍《まいおどり》の類迄も、気かたよりて生活せざる時は、形の動静手足の続き美《うる》はしからず、応用の所作も滞るものなり。

常には惰気になりて何の心もなく、器《うつわもの》を執る事ある時ばかり俄《にわ》かに思ひ出して修せんとする時は、気改まり形に心をとられ、所作《しょさ》に意を住《とど》むるゆゑに、気動揺して不意の用に応じがたし。常に心を用ひて修する時は、事ある時に無心にして応ずる者なり。只常に気を生活して惰すべからず。惰気は死気なり。死気は霊なし。故に用をなさざるのみにあらず、物に驚き怖《おそ》るること多し。気総身にみちて心とともに生活する時は、おどろくこともなく、おそるることもなく、不意の変にも応じやすし。但《ただ》し浮《ふ》気《き》(7)は根なし。生活にはあらず。似て異なり。

【訳文】

一、まず仰向けに寝て、肩を落とし、胸と肩とを左右に開いて、手足を心のままに伸ばし、手を臍《へそ》のあたりの何もない所に置き、悠々として何も考えずに、何やかやと心遣いをすることもなく、気の滞りを解き、気を引き下げ、気が指の先までも行き渡るように気を全身に満たして、禅宗の数《す》息観《そくかん》のように呼吸の数をかぞえていると、初めのうちは呼吸はあらいものである。だんだんと呼吸が平らになってきたら、気を活性化させて天地に充ちるようにするがよい。それは息をつめて気を張るのではない。気を体内に充たして活性化するのである。

この時に、積もり積もった病気のある者は、胸から腹にかけてその病気のある箇所が必ずだらりとしてきて気持ちが悪いものである。これは、そこに集まり凝《こ》り固まっていた気が、融和しようとして動き出すからに他ならない。腹の中が鳴るものである。このような場合、多くの人は腹の中の気持ちの悪さに驚いて途中で止めてしまうものである。しかし、このような場合には、最初の開いて充ちた気を改めることをせず、手のひらでやわらかに押さえて揉むのがよい。強くひねった場合は病の箇所が動き出した邪気にさからって、かえって鎮まらないものである。病の箇所がひどく突き上がる場合には、それぞれに別の原因がある。総じて言えば、腹の上に長い時間手を置いた場合は、気がその箇所に集まるものである。だから、気が充ちた箇所には手を置かず、気が虚空になっている箇所に手を置くのが習わしである。また背中に病気のある者は、必ず背中がだらりとしてくるものである。その場合はただ気が凝らないようにするのがよい。このような場合は肩と胸とを開くのが習わしである。両方の肩を抜き出すように開けば、気が伸びるものである。

これは体によって気を開く術である。気が滞る場合は心も滞る。心が滞る場合は気も滞る。心と気は一体なのである。この術はまず気の滞りを解いて、その片寄りを直し、平らにする術である。例えば全身に蟻《あり》などがたかっていらいらしている場合に、それを払い落として身を清らかにし、その上で新しい衣類を着用して、きれいな場所にいるというようなものである。

神道に内清《ないしょう》浄《じょう》外清浄《げしょうじょう》ということがある。内清浄とは、心を清めて私念妄想の穢《けが》れを捨て去り、無欲無我の心の本体に立ち返り、生まれつき持っている天然自然の心を大切に育てることである。外清浄とは、身体を清潔にして衣服や住居もよく吟味し、気分を改めて体外の邪気が体内に移転しないようにして内清浄を補助することである。内外清浄はもともと一体なのである。内清浄の他に外清浄があるわけではない。

心と気とはもともと一体である。気は身体の中を動き回って心のために働く。心は目に見えない不思議な力である。形はなくて、この気の主のようなものである。気が修まる場合は心も自然に安定する。この気が妄動する場合は心も困惑する。たとえば船が静かに進む場合は乗っている人も安心するし、波が荒く船が危険な場合は乗っている人も不安になるようなものである。そのようなわけで、初心者が手を付けるべきところは、まず気の滞りを解いて心を安定させ、気を活性化させて心を自由自在にすることである。その方法は、寝て散乱する気を収め、片寄った気を解いて平らにするという術を身に付けることである。このようにして五日から七日、あるいは十日から二十日のうちにその術を修得して、自分自身で快さを実感するがよい。快い場合は、さらにさらにその術を実行するとよい。そして気が修まったならば、気を活性化するがよい。惰気に陥ってはいけない。気が身体全体に充ちるようにわずかに心を活性化すれば、気は活性化するものである。

また、昼は起きて姿勢を正し、気を活性化して身体全体に充たし、正三派の二王坐禅のように、しばらくの間坐って気を収めるがよい。必ずしも線香を立てて時間を定め、結跏趺坐《けっかふざ》する必要はない。常日頃のように坐して姿勢を正し、気を活性化するだけでよい。しばらくの間このようにして、一日に何度もちょっと手の空いた時間に修行するがよい。そのようにすれば、筋骨の結び付きがよくなり、血液もよく循環して滞りがなく、気が充実して自然に病気は発生しなくなる。姿勢が正しくなければ、気も片寄ることがある。

立って修行する場合も同じである。他人と対坐し、あるいは物に対向し、または仕事をしている場合も同じである。胸と肩を開いて、気が片寄ることなく、停滞することもなく、全身に、指の先までも気が充ち渡るように心掛けるべきである。歌を歌って声を出している時も、食事を取りお茶を飲む時も、道をあるく時も、常にこのように心掛けていれば、やがてそれが不断のことになって、自然に気が活性化するものである。普段からこのようになった場合は、不意の変化に対応する動作が速やかである。それを怠っていれば、死気になってしまって用向きに応ずることが遅いものである。落ち着いているのと油断しているのとは、似ていても異なるものである。自分で試してみて納得するがよい。

このことは、まだ文章を書く力もない初学の幼児の場合であっても、心掛ければそれほど苦労することもなく出来てしまうことなのである。子供たちの立ち廻り芸、茶の湯、蹴鞠《けまり》など一切の小さな芸事から舞踊の類までも、気が片寄って活性化しない場合は、身体の動静も手足の動きも美しくはない。応用動作も停滞するものである。

普段は惰気になって何の心も用いずにいて、いざという時だけにわかに思い出して気を入れようとする場合は、気が改まって形ばかりに心をとられ、動作にこだわってしまうために、気が動揺して思いがけない出来事には対応しにくい。常に心掛けて気を修練している場合は、いったん事ある時に無心に対応するものである。ただ常に気を活性化して怠らないことが肝心である。惰気は死気である。死気には霊力がない。だから、役に立たないだけでなく、物に驚き怖れることが多い。気が身体全体に充ちて、心とともに活性化している場合は、驚くこともなく、怖れることもなく、思いがけない変化にも対応しやすいのである。ただし、浮かれ気には根拠がない。浮かれ気は気の活性化ではない。似て非なるものである。

【注】

（1）虚欠…虚はむなしい、からの意。欠はかけるの意で完の反対。

（2）数息観…心を整えるための坐禅の一法。結跏趺坐《けっかふざ》して息を整え、一から十まで息を数えることによって雑念を払う。

（3）正三派…関ヶ原で戦功のあった三河武士、鈴木正三《すずきしょうさん》（一五七九―一六五五）の起こした曹洞宗の一派。その禅風は勇猛であったので二王坐禅といわれた。

（4）二王坐禅…鈴木正三の説は次のようなもの。初心のうちから如来像を見ても及ばない。二王不動の像を見て二王坐禅をすべきである。二王不動の悪魔降伏《ごうぶく》の像を手本として坐禅をすべし。

（5）結跏趺坐…跏《か》は足の裏、趺《ふ》は足の表、足の表裏を結んで坐する円満安坐の坐相で、如来または禅定修行の坐相。坐禅の坐り方。

（6）立廻り…能楽で歌詞を伴わず、シテがあしらいの囃子《はやし》で舞台を歩き回ること。

（7）浮気…心がうわついて変わりやすいこと。うかれること。

【原文】

一、昔或る禅僧、小童《しようどう》に教へて曰く、怖《おそ》ろしき所を通る時は腹をはりて往過《ゆきす》ぐべし。おそろしき事はなきものなりといひし。よき方便《てだて》なり。腹をはる時は気を引下げて下にあつまり、暫《しばら》くは気内にみちて強くなるものなり。気虚欠《きよかん》にして上にある故におどろき怖るることあり。

【訳文】

一、昔ある禅僧が小さな子供に教えて「怖い所を通る時は腹に力をいれて通り過ぎればよい。そうすれば怖いことなどないものだ」と言った。これなどはよい方便である。腹に力を入れると気が引き下げられて下の方に集まり、しばらくの間は気が体内に充ちて強くなるものである。気が不足して上の方にあるために、驚いたり怖れたりすることがあるのである。

【原文】

一、亦《また》歩行する者を見るに、常人《じょうじん》多くは上ずりなるが故に、頭とつり合つて歩行し、或は五体をもみてありく。善く歩行する者は腰より上は動くことなく、足を以て歩行する故に、体静かにして臓腑《ぞうふ》をもむことなく、形疲れざるものなり。駕輿丁《かよちょう》(1)の歩行するを見てしるべし。

剣戟《けんげき》を執つて行く者、気濁《にご》つてかたよる時は、足を以て行くことあたはず、頭につれて五体をもむときは形に損あり、気うごいて心しづかならず。刀は右を先にし、槍は左を先にす。立つ時は前足《すすむあし》を活して立つものなり。一切の事みな常に修すべし。路をゆきながらも、坐しても、ねても、人と対しても、工夫はなることなり。

猿楽の太夫共の足づかひを見るに、みな爪先をそらしてすすむ。足を活かし踵《きびす》を蹈《ふ》みてゆく。これ身の風流ばかりにあらず。すすむ足活きて、足を使ふに自由なり。又気我にかへりて向ふへ曳《ひ》かるることなし。鞠《まり》を蹴《け》る者の身づかひ足づかひも同じ。上《じょう》手《ず》の太夫の舞ふ所を後ろより突くに、躓《つまず》き倒るることなし。これ気活して総身に充ち、下は定まつておもく、上は軽く動いて片よる所なく、臍下《せいか》より呼吸して声を出すがゆゑなり。下手《へた》の舞ふ所へは、少し礙《さわ》りてもつまづき倒れるものなり。これ下軽くして定まらず、気かたよりて生活せず、胸より上にて呼吸し、上ずりに成つて下虚欠《しもきよけつ》なる故なり。亦上手の謡物《うたいもの》は、声を呂《りよ》(2)へ落す時、臍下大《おお》いにふくるるものなり。是等の事は常に試みて知るべし。

故に人の歩行するに下軽く上ずりなる者は、早く疲るる者なり。此等の事に限らず、耳目の触《ふ》るる所に心を付けて試みる時は、天地の間の物みな工夫の種となり、天下我が師にあらずといふ事なし。我れに主あつて是を求むるが故なり。一切の事我に求むる主なき時は、人より与ふることはなきものなり。軍書に主人の供をして行くには、前後左右山川地利の益に心を付くべしといへり。古《いにし》への名将は田夫野人《でんぷやじん》の所作を見て心付き、謀術の種として功を立てたる人多し。軍中には限るべからず。常にも万事に心を付くれば、益を得る事多かるべし。頑空《がんくう》(3)なれば死人に同じ。得ることあれども取らず。

【訳文】

一、また歩行者を見ていると、普通の人の多くは上体を動かして歩くために、それにつれて頭も動かして歩行したり、あるいは身体全体をゆすって歩いたりする。よい歩行者は腰から上は動くことがなく、ただ足だけを動かして歩行するので、身体は静かで内臓をゆすることもなく、身体は疲れないものである。これは貴人の輿《こし》をかつぐ男たちが歩行するのを見ればよくわかる。

剣《つるぎ》や鉾《ほこ》の類を手にして行く者の場合も、気が濁って片寄る時は、ただ足だけを動かして歩行することができない。頭を動かすのにつれて身体全体をゆするような場合は形態に欠陥があり、内面的には気が動揺して心も穏やかではない。刀は右足を前にし、槍は左足を前にする。だから、立っている時には先に踏み出す足を活かせるようにして立つものである。一切の事につきすべて常に修行すべきである。道を歩きながらも、坐っていても、寝ていても、人と対面していても、工夫すれば修行はできるものである。

猿楽の太夫たちの足使いを見ると、みな爪先を反らして進む。そうして足を活かして踵《かかと》で下を踏んで進む。これは身のこなしを優雅に見せているばかりではない。こうすると踏み出す足が活性化して、足が自由に使えるのである。また気が自分に戻ってきて、相手方に引きずられることもないのである。蹴鞠《けまり》の鞠を蹴る人の身動きや足使いもまた同じである。上手な太夫が舞っている時に後ろから突いても、つまずいて倒れるようなことはない。これは気が活性化して全身に充ち、下半身が安定して重く、上半身は軽く動いて片寄ることもなく、腹式呼吸をして下腹部の臍下《せいか》に力を入れて声を出しているからである。下手な者が舞っている時は、ちょっと邪魔してもつまずいて倒れるものである。これは下半身が軽くて安定せず、気が片寄って活性化せず、胸から上に力を入れて呼吸し、上ずってしまって下半身が空虚になっているからである。また上手な人の謡《うたい》では、声を低い音域に落とす時には臍下が大きく膨《ふく》れるものである。これらの事は、常に自分で試してみて知るべきことである。

そのようなわけで、人の歩行については、下半身が軽く力の入らない者は、早く疲れる者である。これらの事に限らず、聞くこと見ることによく注意を払って自分で試してみれば、この世界の物事がみな工夫の種となって、すべての物事が自分の師範となるのである。それは自分が主体となってそのような物事を求めるからである。何事も自分が主体となって求めなければ、他人から与えられることはないものである。軍書に、主人の供をして行く場合は、前後左右、山川、地利（土地の産物）のもたらす利益に注意を払うべきであると記されている。昔の名将には、農夫や猟師の仕事を見て気が付き、それを基に謀術をつくりあげて戦功を立てた人が多い。それは軍事に限るべきことではない。常に何事にも注意を払っていれば、利益を受けることも多いであろう。頑空になるということは死人と同じである。得るところはあっても採択はしない。

【注】

（1）駕輿丁…貴人の輿《こし》をかつぐ人。こしかき。

（2）呂…多くの場合声に関して、低い音域の意。もとは雅楽の呂旋法《りよせんぽう》、すなわち中国風の旋法からきている言葉。和風は律旋法。

（3）頑空…通常はかたくなにして空っぽの意。しかし、ここは全くの空の意。般若心経の空《くう》を想定しているものと思われる。

【原文】

一、問ふ。

軍学は謀計を以て人を欺《あざむ》くの術なり。此道に習熟せば我が小知を助けて心術の害あらん歟《か》。

曰く。

君子是を用ふる時は国家治平《ちへい》の器となり、小人《しょうじん》これを用ふる時は己を害《そこな》ひ人を傷《そこな》ふの器となるべし。一切の事みな然り。

志《こころざし》道にもつぱらにして、私心のまじはりなき時は、盗賊の術を学ぶといふとも、盗賊を防ぐの益となつて志の害をなすことなし。志《こころざし》情欲利害にもつぱらにして学ぶときは、聖賢の書といへども小知の助けと成るべし。故に先づ正道《せいどう》の志を立て、是を変ぜずして後万事を学ぶべし。我に正道の主なくして軍術等を学ばば、功利の言を悦《よろこ》びて心此に動き、小知の巧を専らにして、是を以て士の道とするの誤りあるべし。剣術を学ぶ者も此芸に熟して、是を以て辻斬強盗《つじぎりごうとう》をなして男道なりと思はば、芸術却つて身の害を招くべし。此《これ》芸術の罪にはあらず。志の違《たが》へるなり。熊坂《くまさか》(1)と弁慶《べんけい》と同じ打物の達者、勇謀《ゆうぼう》兼備へたる大剛の者なり。弁慶は是を用ひて忠戦をなし、熊坂は是を用ひて盗賊をなす。故に謀計は士道にあらず。是を用ひて軍忠をなすを士道とす。加州安宅《かしゅうあたか》(2)の関にて、弁慶が杖を以て義経《よしつね》を打ちたるは忠にはあらず、君の難を救ひたるを忠とす。迹《あと》を以て論じ、事を以て論ずるは不智《ふち》なり。

夫《それ》軍法は人数《にんず》を立てて備《そな》へを設け、敵のために我が陣を破られず、奇兵を用ひ謀《はかりごと》を以て敵を破るの術なり。邪を以て正に敵する者は賊なり。備へを設けて謀を用ひず、無法に戦つて敵の謀に陥り、賊の為に我が忠義の士を傷《そこな》つて可ならんや。我れ謀術を知るときは、予《あらかじ》め其備へを設けて敵の謀におちいらず。其術をしらざる時は敵の擒《とりこ》となる。是をしらずして可ならんや。

謀は其術多端なりといへども、畢竟《ひっきょう》人情に応じて用をなすものなり。人情に応ぜざるの謀は、其術を知るといへども用をなさず。医師の多く書を読み薬方はしりたれども、其病の因《よ》つて起る所をしらず、妄《みだ》りに薬を施して却つて他の病を引出すがごとし。人情をしることは将の知にあり。将信あり義あり仁あるにあらざれば、人情和せざるものなり。人情服せざる時は、其謀却つて禍《わざわい》となること古今明白なり。医師の妄りに薬を施して却って他の病を引出すがごとし。敵暴にして我に道あらば、人情の服する所金鉄のごとし。敵の謀何ぞ恐るるにたらん。敵道あつて我が軍の人情服せずんば、我がはかりごとを用ふる所なし。故に将は人情を得るを以て要とす。

今士の学ぶ所は名将謀術の迹《あと》のみ。是古人《こじん》の糟粕《そうはく》(3)なり。其糟粕を学んで精汁を錬《ね》り出すは、其将の量なり。匹夫《ひっぷ》は其事を倣《なら》つて其事の中より、時に当るの働きをなすものは士の量なり。物頭《ものがしら》(4)、物奉行《ものぶぎょう》(5)、斥候《ものみ》(6)、使番《つかいばん》(7)みなそれぞれの事あり。前備《まえぞなえ》(8)、脇備《わきぞなえ》、ト備《しまりぞなえ》、遊軍(9)皆それぞれの法あり。槍前《やりさき》、槍下《やりした》、崩れ際のはたらき、皆しらずして叶《かな》はざることなり。或は城を攻め城を守り、伏奸《ふしかまり》(10)、夜討《ようち》、夜込《よごみ》(11)等、軍は少しの誤りにて大崩れになる事おほし。各々其事をしらずして其場へ向ふは、水練《すいれん》をしらずして大河を渡らんとするよりもはなはだし。

【訳文】

一、次のように質問した。

軍学は謀計によって人を欺《あざむ》くための学術である。この学術に習熟すれば自分の小ざかしい知恵を助長することになり、心術を研《みが》くうえでは害になるのではなかろうか。

次のように答えて言った。

君子が軍学を利用する場合は国家を平穏に治めるための方策となり、小人が軍学を利用する場合は自分を害し他人を傷つけるための方策となるであろう。すべての事がみなそのようなものである。

一筋に道を志して私心が交錯しない場合は、盗賊の策略を学んだとしても、それが盗賊を防ぐために役立つこととなり、道への志の害にはならない。情欲利害をもっぱらの目的にして学ぶ場合は、その対象がたとえ聖賢の書物であっても、小ざかしい知恵の助けとなるだけである。それ故、まず正しい道を求める志を立てて、これを変えずに何事も学ぶべきである。自分に正しい道を求める志がなくて戦術等を学んだ場合は、功名利得を得るための記述に喜んでそれに心が動き、もっぱら小ざかしい知恵の巧みさを求めて、これこそ士道であると勘違いする誤りを犯すことになろう。

剣術を学ぶ者の場合も、武芸に習熟して、その技を使って辻斬り強盗をはたらき、これこそ男の道などと思ったりすれば、武芸心術はかえって自分の身に害を招くことになろう。これは武芸心術の罪ではない。志が間違っているのである。熊坂《くまさか》と弁慶《べんけい》とはどちらも同じ打ち物（打ち鍛えた武器）の達人で、武勇と謀術を兼ね備えた大剛の人であった。弁慶は謀計を用いて忠義の戦いをしたが、熊坂は謀計を用いて盗賊をした。だから、謀計は士道ではない。謀計を用いて軍事上の忠節をつくすことを士道とするのである。加賀の国の安宅《あたか》の関所で、弁慶が義経《よしつね》を杖で打ったことは忠義ではない。主君の難を救ったことを忠義とするのである。行為や現象だけを論ずるのは、知恵のないことである。

軍法は、人数を揃えて備えを設け、敵によって味方の陣を破られないようにし、奇兵を用いたり謀計を用いたりして敵を破るための戦術である。邪《よこしま》な目的で正当な者に敵対する者は、賊である。賊に対して備えを設けても、謀計を用いず、無法に戦って敵の謀計に陥り、賊のために味方の忠義の士を傷つけてしまうようなことがあってはならない。当方に謀術の知識がある場合はあらかじめ備え設けて敵の謀計に陥ることがなく、当方に謀術の知識がない場合は敵の擒《とりこ》になってしまう。それなのに、どうして謀術を知らずにいられようか。

謀計にはいろいろと多くの術策があるが、それらは結局のところ人情に応じてその役目を果たすものである。人情に応ずることのない謀計は、その術を知ってはいても、役に立たない。それはちょうど、医者が多くの書物を読んで薬による治療法を知ってはいても、その病気が起こる原因を知らずに患者にやたらと薬を飲ませ、かえって余病を引き出してしまうようなものである。人情を知るのは将（隊長）の知恵である。将に信用、義理、仁徳がなければ、人情は和合しない。人情が付いてこなければ、その謀計がかえって禍《わざわい》の原因になってしまうことは、昔も今も明白である。それは、医者がやたらに薬を飲ませてかえって余病を引き出してしまうようなものである。敵が暴悪で味方に道理があるならば、人情が付いてくることは金鉄のように確固としている。その場合は敵の謀計など恐れることはない。しかし、敵に道理があって我が軍の人情が付いてこない場合は、当方には謀計を用いる余地はない。それ故に、将にとっては部下の人情を得ることが要なのである。

今の時代の士が学んでいるのは、昔の名将が用いた謀術の残された記録である。それは昔の人が遺した、いわば酒粕のようなものである。そのような酒粕を学習して清酒を練り出すことができるのは、将の器量の人である。匹夫《ひっぷ》の場合は単に昔の名将が用いたという謀術の真似をするだけであるが、そんな真似の中から時に的を射た働きをする者は、士の器量の人である。物頭《ものがしら》、物奉行《ものぶぎょう》、斥候《ものみ》、使番《つかいばん》など、皆それぞれの役割がある。前備《まえぞなえ》、脇備《わきぞなえ》、ト《しまり》備《ぞなえ》、遊軍など、皆それぞれの方法がある。槍前《やりさき》、槍下《やりした》、崩れ際の働きは、皆そのやり方を知らずにできることではない。あるいは城を攻め、城を守り、伏奸《ふしかまり》、夜討《ようち》、夜込《よごみ》などに際しては、軍はほんの少しの誤りでも起こせば大崩れになることが多い。おのおの方がそのことを知らずに戦場に向かうとすれば、それは水泳を知らずに大河を渡ろうとするよりもひどい話である。

【注】

（1）熊坂…熊坂長範《くまさかちょうはん》。平安末期の大盗。承安四年（一一七四）、金売吉次《かねうりきちじ》が奥州に行くことを知り、これを相手に強盗しようとして美濃《みの》国（岐阜県）赤坂《あかさか》の宿で襲い、牛若丸《うしわかまる》に殺されたともいわれる伝説的人物。

（2）加州安宅の関…安宅《あたか》は石川県小松市の西部、日本海沿岸の一地区で、その安宅にあった関所。源義経が山伏姿で陸奥《むつ》に下ろうとしてこの関所を通るおり、弁慶《べんけい》の苦計により難を逃れたという伝説がある。
（3）糟粕…酒のかす。
（4）物頭…武家時代の職名。弓組、鉄砲組など足軽の長。足軽頭。
（5）物奉行…武家時代の職名。武器等の保管・運搬を担当する部門の長官。
（6）斥候…敵状、地形等の偵察のため部隊から派遣される少数の兵士。
（7）使番…使者。伝令。
（8）備…陣立ての意。前、脇は自明。卜備《しまりぞなえ》は軍陣の本陣の陣立て。
（9）遊軍…遊撃隊。戦列外にあって、時機を見て味方を掩護《えんご》し敵を攻撃する軍隊。
（10）伏奸…草叢《くさむら》のかげなどに伏して、敵の来るのをうかがうもの。
（11）夜込…夜中、敵地へ忍び入ってあらすこと。

【原文】

一、問ふ。我が謀《はかりごと》を以て敵を欺《あざむ》かむとせば、敵もまた謀を以て我をあざむくべし。豈《あに》われひとりしる事あつて天下みな愚ならんや。

曰く。

然り。汝《なんじ》の言ふ所は押形《おしがた》(1)の一通なり。碁象戯《ごしょうぎ》の手の古来より倣《なら》(2)ひありて、其理を尽しつくして此外に余術《よじゅつ》なきが如しといへども、又其上の上手出来ることあり。碁の定石を倣ひ、象戯の駒組詰物《こまぐみつめもの》(3)等をならふは、其押形を学ぶなり。我に自得《じとく》する時は、其中より別に新しき手湧《わ》き出て勝負を決するなり。

凡《すべ》て世間一切の事みな押形の如くなることばかりはなきものなり。謀もまたかくのごとし。将の器量によつて、古人の押形の中より、臨機応変のはたらき奇兵の謀術は、其時にあたりて将の胸臆《きょうおく》(4)より湧き出るものなり。古《いにし》への良将は漁樵賤夫《ぎょしょうせんぷ》のしわざを見て直に取つて新しき術となし、軍中に用ひたることおほし。常に心を付ける時は、見ること聞くことみな謀術の助けとなるものなり。

然れどもまづ古人の押形を知らざれば、後学の因るべき所なし。学術も亦しかり。古人の迹《あと》(5)によらざれば其跡《あと》なき道を悟ることあたはず、一切の事みな常に心を用ひて耳目のふるる所を以て修行の種とし、事ある時は其時の変に任すべし。又軍中は敵味方ともに大勢なれば、独りばたらきの如く自由は成りがたきものなり。常に古人の跡を考へて法を出し、士卒を錬《ね》り、駈引《かけひ》きの自在なるやうに備へを立つるを以て要とす。

吾人父祖の陰徳によつて今日身に福ありといへども、一念わづかに差《たが》ふときは、其より種々の妄心《もうしん》生じて終《つい》に天狗界に入り、父祖の陰徳を削り、身に禍《わざわい》あること矢よりも疾《と》し。汝等惧《おそ》れ慎むべし。

天狗界といふは己《おのれ》が小知に慢じて人を侮《あなど》り、人の騒動するを悦《よろこ》び、是《これ》を以て是《ぜ》非《ひ》得《とく》失《しつ》の境をなして無事を楽しむことをしらず、欲する所を必として己を省みることなし。只己に従ふ者を是《ぜ》とし、己にしたがはざる者を非《ひ》とす。世間の是非を己が我執《がしゅう》のしがらみ(6)に留めて、彼を悪《にく》みこれを愛し、或いは怒り或いは困《くる》しむで、常に心のしづかなることなし。之を仏家《ぶつけ》に一日に三度熱湯を飲んで総身より火焔を生ずといふ。此《この》煩熱《はんねつ》(7)の苦しみより種々転動して邪をなし人を害《そこな》ふ。汝等よく心を修し気を収め、魔界を去り、人間《じんかん》に出て道を求むべし。汝等鼻ながく、觜《くちばし》あり翅《つばさ》あるを以て、人に勝《まさ》れりと思つて愚人《ぐじん》を誑《たぶら》かす。汝の長き鼻、尖《とが》れる觜、軽き翅は、却つて心を苦しめ人を害ふの器なり。

学術剣術ともに只己をしるを以て専務(8)とす。己をしるときは内明らかにして能《よ》く慎しむ。故に来つて我に敵すべき者なし。たとひ知足らずして過ちありとも、我が罪にあらず。天に任するのみ。

己を知らざる者は人を知らず。私心を以て人を欺き勝ちを取らんと欲する者をば、人其私心の虚《きょ》を討つ。欲を以て人を襲ふものをば、人其の欲を動かして其の動の虚を討つ。勢を以て人を圧《お》す者をば、人其勢の衰ふる所を討つ。

学術、剣術みな同じ。只己を尽して無欲なる者は討つべきの虚なし。勢を以ても挫《とりひし》ぐべからず、欲を以ても動かすべからず、巧《たくみ》を以ても欺《あざむ》くべからず。吾此れを思つて常に慎しむといへども、凡情いまだ断ぜず。只熱湯を飲む事を少しく免かるるのみ。猶《なお》天狗の列にあり、何《いず》れの日か人間《じんかん》に出て道を悟らん。しばらく我が聞く所を以て汝に示すのみといひ既《おわ》つて、草木震動し、山鳴り谷応《こた》へ、風起つて面を撲《う》つと見て夢悟《さ》めぬ。山と見えしは屛風《びょうぶ》にてありし。寝所に遽々然《きょきょぜん》(9)として臥したり。

【訳文】

一、次のように質問した。

当方が謀計によって敵を欺《あざむ》こうとすれば、敵もまた謀計によって当方を欺くであろう。どうして当方だけがそれを知っていて、世の中の他の者たちが皆それを知らない愚か者であるわけがあろうか。

次のように答えて言った。

確かにそのようなことはない。しかし、あなたの言う事はまるで版画の原版で刷った一枚のようなものである。囲碁将棋には昔から口伝の教えがあって、それは理の限りを尽くしており、もうこれ以外に他の技はないというようなものであるけれども、それでもまだその上の立派な手ができることがある。碁の定石を習い、将棋の駒組みや詰め将棋などを習うのは、いわば版画の原版を習うようなものである。それをよく理解して自分のものにした場合には、そこから別の新しい手が湧き出して勝負を決することになるのである。

総じて世間一切の事はみな版画の原版のように手本どおりになることばかりではないのである。謀計もまた同様である。将たる者の器量によって古人の遺した版画の原版のような手本の中から生み出され臨機応変のはたらきをする奇兵の謀術は、その時にあたって将の胸中から湧き出るものである。昔の良将は、漁師や樵《きこり》といった賤夫の仕事振りを見て直ちに取り入れ、新しい謀術に作り上げて、実戦に用いたことも多い。常に心掛けている場合は、見ること聞くことすべてが謀術の助けになるものである。

しかしながら、まず古人の遺した版画の原版ともいうべき手本を知っていなければ、後世の学習者には拠り所がない。それは学術の場合もまた同じである。古人の功績に関する記録の内容を知らなければ、その古人が到達した足跡のない道を悟ることはできない。それをよく知った上で、常に一切の事すべてに心を配り、耳目にふれることを修行の種として見識を高め判断力を強化しておいて、いったん事ある時にはその時の判断に任せればよいのである。また、戦の間は敵味方ともに大勢なので、一人で闘う場合のように自由な動きは成り立ちにくいものである。常に古人の事例を考えて方法を案出し、士卒を訓練し、駆け引きが自在にできるように軍の備えを立てることが肝要である。

わたしは、先祖が人知れず他人に施した恩恵のおかげで現在幸せなのであるが、もしわずかにでも考え違いをすれば、それから種々の迷妄心が生じて最後には天狗界に入り、先祖が施した恩恵の徳を削り取ってしまって、矢よりも速く身に禍《わざわい》が訪れることになるのである。諸君もそのようなことを危惧して身を慎《つつし》むがよい。

天狗界というのは、自分の小ざかしい知恵に慢心して他人を侮《あなど》り、他人の騒動を喜び、その喜びを是非や得失を区分する基準としてしまって、無事を楽しむということを知らない。自分が欲することを絶対視して、自分を反省することもない。ただ自分に従う者を是とし、自分に従わない者を非とする。世間一般の是非の判断を自分の我執のしがらみに塞《せ》き止めてしまって、あれを憎みこれを愛し、あるいは怒りあるいは苦しんで、片時も心が静かであることがない。このような精神状態を、仏教では、一日に三度熱湯を飲んで全身から火焰を発生させると表現する。この煩熱《はんねつ》の苦しみが原因でいろいろと転動し、悪事を働いて他人に害を与えるのである。諸君はよく心の修行をし気を収めて、魔界を去り、人の世に出て道を求めるがよい。諸君は鼻が長く、嘴《くちばし》があって翅《つばさ》があるので、それで人よりも勝れていると思い込み、愚人を騙したりする。しかし、諸君の長い鼻、尖《とが》った嘴、軽い翅は、かえって自分の心を苦しめ、他人に害を与える器官なのである。

学術も剣術も、どちらもただ自分を知ることを専らの務めとする。自分を知ることができた時には、心の内が明らかになってよく言行を慎むことができる。だから、敵になる者もいなくなる。たとえ知恵が足りなくて誤りがあったとしても、それは罪ではなく、結果は成り行きに任せればよい。

　自分を知らない人は、他人のこともわからない人である。利己心から他人を欺《あざむ》き自分が勝ちを取ろうと望む者を、他人はその利己心の虚を討つ。欲によって他人を襲う者を、他人はその欲を動かしてその動きの虚を討つ。勢いによって他人を抑圧する者を、他人はその勢いが衰える所を討つのである。

　学術も剣術もみな同じである。ただ一生懸命に尽くしている無欲な人は討てるような虚がない。勢いによっても挫《くじ》くことはできない。欲によっても動かすことはできない。巧み技によっても欺くことはできないのである。わたしはこのことを思って常に慎んでいるが、凡情はいまだに断ち切れておらず、ただ熱湯を飲むことを多少免れている程度である。いまなお天狗の仲間であり、いつの日にか人の世に出て道を悟ろうと思っている。以上、しばらくの間わたしが聞いた事を諸君に伝えたまでのことである。大天狗がそう言い終わって、草木が揺れ動き、山鳴りがし、谷がこだまして、風が起こって顔に強く当たるなあと思った瞬間、夢から覚めた。山と見えたのは屏風だった。わたしは寝室に恐れおののいて横たわっていた。

【注】

（1）押形…紙を版木の上にあてて、その上を蠟墨《ろうずみ》で刷り、上の彫刻した絵模様を写すこと。

（2）倣ひ…秘事などを口授されて学ぶこと。またその内容。

（3）駒組詰物…駒組は将棋で駒の陣形を組み立てること。詰物は詰め将棋。

（4）胸臆…胸部。心。胸中の思い。

（5）迹…跡に通ずる。おこない（行為）、いさお（功績）、わざ（事業）、これらはすべて功業に見るべきところあるものを指す。

（6）しがらみ…漢字は柵または笧。水流を塞《せ》き止めるために杭を打ち並べてこれに竹や木を横にからめたもの。転じて柵または塞き止めるもの。

（7）煩熱…むしむしと苦しい熱気。俗事のうるささに苦しむこと。

（8）専務…専一に行うべき務め。もっぱらその務めを行うこと。

（9）遽々然…遽は、にわかに、あわてる、うろたえる、おそれおののくの意。

芸術論後

【原文】

客あり、此書を難じて曰く。

子が論ずる所、理を開き情を尽し、気の所変を語つて未だ事《わざ》の応用を審《つまび》らかにせず。老人病身又は務め繁《しげ》き(1)者の志を養ふには可なり。芸術修行の者のためには足らざる所あり。

曰く。

吾剣術者にあらず、何ぞ人を導くことをせんや。只弱冠(2)より好むで芸術ある人に親《しん》炙《しや》し(3)、其事《わざ》の利を討《たず》ね、気の変化を試みて其病を治し、その理を聞きて心術を証せんことを求むる者なり。たまたま心に黙契(4)することあれば、筆記して予が童蒙《どうもう》(5)に示すのみ。友人予が童蒙によつて頻《しき》りに請ふ。然れども多言にして識者の謗《そし》りを招かんことをおそる。已むことを得ずして天狗を傭《やと》ふて戯談せしむ。寝語の小冊予、豈《あに》みづから是とせんや。

享保十四歳次己酉孟春(6)(7)

書肆

洛陽堀河錦上ル町
西村市郎右衛門

武陽本町三丁目
西村源六　蔵版

豊島町
彫工栗原次郎兵衛

【訳文】

来客があり、その人は本書を批判して次のように言った。

あなたが論ずるところは、道理を解明し、感情を究明し、気の変化を語ってはいるが、技の応用については詳細に語っていない。老人や病身の者や公務の多忙な者の向上心を高めるためには役に立つだろう。しかし、武芸心術の修行者のためには不足する所がある。

わたしは次のように答えて言った。

わたしは武士ではあるが剣術家ではない。だから人を指導するようなことはしない。ただ、わたしは若輩の頃から武芸心術に優れた人に親しんで教えを受けることが好きで、そのような人の技の利点を探求し、気の変化を自分で試してみて欠点を修正し、そのような人の理論を聞いて心術を自得することを求め続けた者である。そうしてたまたま無言のうちに納得することがあれば、それを筆記して自分の子供にだけ見せる。ところが、わたしの友人がわたしの子供に近付いてしきりにそれを見せろと所望する。そうは言っても、人に見せればその人がその内容を多くの人に語り、やがて見識者の耳に達して悪口を言われるような状態を招くことを恐れる。そういうことで、やむを得ず天狗を代役に使って戯れの談義をさせたのである。寝言のような小冊子であるから、自分でこれをよしとする訳にはいかない。

享保十四年 己《つちのと》酉《とり》初春

【注】
(1) 老人病身又は務め繁き者…巻之二、六三—六四頁の記載事項を指している。
(2) 弱冠…男子二十歳の異称。転じて年の若いこと。
(3) 親炙…親しくその人に接して感化を受けること。
(4) 黙契…無言のうちに互いの意思が一致すること。
(5) 童蒙…幼少で道理にくらい者。子供。
(6) 歳次…としまわり、としの意。
(7) 孟春…孟は初めの意。孟春は初春、陰暦正月の意。

猫の妙術

【原文】

勝軒《しょうけん》といふ剣術者あり。其家に大なる鼠《ねずみ》出で、白昼に駆け廻りける。亭主其間《そのま》をたてきり、手飼《てがい》の猫に執《と》らしめんとす。彼《かの》鼠進みて、猫のつらへ飛びかかり喰《くい》つきければ、猫声を立つて逃げ去りぬ。此分《このぶん》にては叶《かな》ふまじとて、それより近辺にて逸物《いちもつ》の名を得たる猫どもあまた狩りよせ、彼の一間へ追入れければ、鼠は床《とこ》のすみにすまひ居て、猫来れば飛びかかり喰ひつき、其気色《けしき》すさまじく見えければ、猫ども皆尻込みして進まず。

亭主腹を立て自ら木刀をさげ、打殺さんと追ひ廻しけれども、手元よりぬけ出で、木刀にあたらず、そこら戸障子からかみ抔《など》たたきやぶれども、鼠は宙を飛んで、其早きこと電光《でんこう》のうつるが如《ごと》し。ややもすれば、亭主の面《つら》へ飛び懸り喰ひつくべき勢あり。

勝軒大汗《おおあせ》を流し、僕《しもべ》を呼んでいふ。これより六七町(1)さきに無類逸物《むるいいちもつ》の猫ありと聞く。かりて来《きた》れとて、即《すなわ》ち人を遣《つか》はし彼猫をつれよせて見るに、其形、りこうげにもなく、さのみはきはきとも見えず、先《ま》づ追入れて見よとて少し戸をあけ、彼猫を入れければ、鼠すくみて動かず、猫何んの事もなく、のろのろと行き、引きくはへて来りけり。

【訳文】

勝軒という剣術者がいた。その家に大きな鼠が出て、白昼、部屋の中を駆け回っていた。勝軒はその部屋を立て切って、自分が飼っている猫に捕らせようとした。ところが、その鼠は進んで飼い猫の顔に跳び懸かり喰いついたので、飼い猫は悲鳴をあげて逃げ去ってしまった。この分では飼い猫はとてもその鼠には敵わないだろうということで、近所で勝れ物といわれている猫を多数借り集めて、鼠のいる部屋に入れてみたところ、その鼠は床の間の隅に居座っていて、猫が近づけば跳び懸かり喰いつき、その様子がすさまじいものに見えたので、猫たちは皆尻込みして前に進めなかった。

勝軒は腹を立てて自分で木刀を手にしてその鼠を打ち殺そうと追いまわしたが、鼠は勝軒の手元から抜け出し、木刀には当たらなかった。勝軒は木刀を振り回し、そこいらの戸、障子、からかみなどを叩き破ったけれども、鼠は宙を飛び、その速さはまるで稲妻のようなものであった。ややもすれば、勝軒の顔に跳び懸かり喰いつきかねない勢いであった。

勝軒は大汗を流し、使用人を呼んで「ここから六、七町（六、七百メートル）先に無類の勝れ物といわれる猫がいると聞いている。その猫を借りて来い」と言い、人を使いに出してその猫を連れてきて見ると、その猫の外見は、利口そうでもなく、それほどきびきびしているようにも見えなかった。とりあえず、あの鼠のいる部屋に追い込んでみるかということで、部屋の戸を少し開けてその猫を部屋に入れると、鼠はすくんでしまって動けず、猫は何のこともなくのろのろと鼠に近づき、その鼠を銜《くわ》えて来てしまった。

【注】

（1）六七町…町（丁）は距離の単位で一町は約百九メートル。

【原文】

其夜、件《くだん》の猫ども彼家に集まり、彼の古猫《ふるねこ》を座上に請《しょう》じ、いづれも前に跪《ひざまず》き、我ら逸物《いちもつ》の名を呼ばれ、其道に修練し、鼠とだにいはば鼬《いたち》、獺《かわうそ》なりとも取りひしがんと、爪を研ぎ罷在候処《まかりありそうろうところ》、未だにかかる強鼠《きょうそ》あることを知らず。御身何の術を以て、容易に是《これ》を討ちたまふ。願はくは惜しむことなく公の妙術を伝へたまへとて謹んで申しける。

古猫笑つていふ。何《いず》れもわかき猫達、随分達者に働きたまへども、未だ正道《せいどう》の手筋《てすじ》を聞きたまはざること故に、思ひの外のことに逢つて不覚《ふかく》をとりたまふ。然《しか》し乍《なが》ら先づ各々の修行の程を承はらんといふ。

其中に鋭き黒猫一疋進《すす》み出《い》で、我鼠を取るの家に生れ、其道に心がけ七尺の屏風《びょうぶ》を飛び越えてちひさき穴をくぐり、猫子《ねこ》の時より早業軽業《はやわざかるわざ》に至らずといふ所なし。或は眠りて表裏《ひょうり》をくれ、或は不意に起つて、桁梁《けたはり》を走る鼠と雖《いえど》も捕り損じたることなし。然るに今日思ひの外成る強鼠に出合ひ、一生のおくれをとり、心外の至りに侍《はべ》る。

古猫の曰く。

そも汝《なんじ》の修むる処は、所作《しょさ》のみ故に、いまだ、ねらふ心あることをまぬがれず。古《こ》人《じん》の所作を教ゆるは、其道筋をしらしめんためなり。故に其所作、簡易にして、其中に至理《しり》(1)を含めり。後世所作を専らとして、兎《と》すれば角《かく》すると、色々の事《わざ》をこしらへ、巧を極め古人を不足とし、才覚を用ひ、はては所作くらべといふものになり、巧尽きていかむともすることなし。小人《しょうじん》の巧を極め、才覚を専らとする者、みなかくの如し。才(2)は心の用なりといへども、道にもとづかず、只《ただ》巧を専らとする時は、偽の端となり、向《さき》の才覚却《かえ》つて害に成る事おほし。是を以てかへりみ、よくよく工夫すべし。

【訳文】

その夜、これらの猫たちが勝軒の家に集まり、あの無類の勝れ物という古猫を招待して上座に据え、他のすべての猫たちがその前にひざまずいて、「私たちは勝れ物といわれ、鼠捕りの道に修練し、鼠ばかりでなく鼬《いたち》、獺《かわうそ》までも押しつぶそうとして爪を研いでおりましたのですが、今まであのように強い鼠がいることは存じませんでした。あなた様はどのような術によって、あの鼠を簡単に討ち果たされたのでしょうか。お願いですから、あなた様の勝れた術を惜しむことなくお伝えください」と謹んで申しあげた。

古猫は笑いながら、「あなた方は皆まだ若い猫さん達ですね。随分と達者に働かれるが、まだ正しい道に適った方法をお聞きになっていないために、想定外のことに出合うと不覚をとられるのです。しかしながら、まず、各々方がどのような修行をされたかお聞かせください」と言った。

猫達の中から一匹の鋭い黒猫が進み出て、「わたしは鼠を捕ることを仕事とする一家に生まれ、その道に専心して七尺（約二・一メートル）の高さの屏風《びょうぶ》を跳び越えたり小さな穴を潜《くぐ》ったりして、子猫の頃から早業軽業《はやわざかるわざ》のうち出来ないことはありませんでした。眠っているように見せかけたり、不意に立ち上ったりして、梁の上を走る鼠すら捕り損じたことはありませんでした。しかし、今日は思った以上に強い鼠に出合い、一生の不覚を取りました。今回のことはまことに心外でございます」と言った。

古猫は次のように答えて言った。

「そもそも、あなたが修行したことは動作だけなので、あなたは未だ、狙う心があることから逃れられていないのです。昔の方が動作を教えたのは、その筋道を理解させるためなのです。それ故、その動作は簡単で、しかもその中に至極もっともな道理を含んでいました。ところが、後世の者はもっぱら動作だけに専念して、ああすればこうすると、いろいろな技を作り上げ、技巧の極限を追求して昔の方の教えを不足とし、才覚をはたらかせて、ついには動作比べなどというようなものになり、技巧が限度に達するとどうにもならなくなる。小ざかしい者が技巧を極めてもっぱら才覚に頼っているような場合は、皆こんなことになります。知恵は心のはたらきではあっても、道理を基本とせず、ただ技巧のみに専心している場合は、それが偽りの端緒となり、先に述べたような才覚がかえって害になることが多いものです。以上を反省の材料として、工夫を重ねてください。」

【注】

（1）至理…至極もっともな道理。
（2）才…生まれつきの資質、能力。知恵のはたらき。ここは後者の意。

【原文】

又虎毛の大猫一疋まかり出で、我おもふに、武術は気然《きぜん》（1）を貴ぶ。故に気を練ること久し。今其気豁達至剛《かったつしごう》（2）にして、天地に充つるが如し。敵を脚下に踏み、先づ勝つて、然《しこう》して後進む。声に随《したが》ひ、響に応じて、鼠を左右につけ変に応ぜずといふことなし。

所作を用ふるに心なくして、所作おのづから湧き出づ。桁梁《けたはり》を走る鼠は、にらみおとして是をとる。然るに彼強鼠《きようそ》来るに形なく、往《ゆ》くに跡《あと》なし。是いかなるものぞや。

古猫のいふ。

汝の修練する所は、是気の勢に乗じて働くものなり。我に恃《たの》む所ありて然り、善の善なるものに非《あら》ず。我やぶつて往かむとすれば、敵も亦《また》やぶつてくる。又やぶるにやぶれざるものある時はいかむ。我覆《おお》つて挫《くじ》かんとすれば、敵も亦覆つて来る。覆ふに覆はれざるものある時はいかむ。豈《あに》我のみ剛《ごう》にして敵みな弱《じゃく》ならんや。豁達至剛にして天地にみつるがごとく覚ゆるものは皆気の象なり。孟子《もうし》の浩然《こうぜん》の気(3)に似て実は異《こと》也。彼は明を戴かせて剛健なり。此《これ》は勢に乗じて剛健なり。故に其用も亦同じからず。江河の常流と、一夜洪水の勢とのごとし。且《か》つ気勢に屈せざるものある時はいかん。窮鼠《きゆうそ》却つて猫を噛むといふことあり。彼は必死に迫つて恃《たの》む所なし。生を忘れ、慾を忘れ、勝負を必とせず、身を全うするの心なし。故に其志《こころざし》金鉄のごとし。如此《かくのごとき》者《もの》は豈《あに》気勢を以て服すべけんや。

【訳文】

また、一匹の虎毛の大猫が前に出て、「わたしは、武術は気のありさまを尊ぶものと思っています。それで、長いあいだ気を修練しております。現在、わたしの気は何のこだわりもなく実に剛健で、まるで天地に充満するかのようです。気持ちの上で敵を踏みつけ、まず勝ちを収めた後に敵に向かって前進します。鼠の鳴き声に従い、鼠の走る音に応じて鼠を左右に付け回し、鼠の動きに応じきれないことはありません。鼠捕りの動作をどのようにするかなどと考えることもなく、動作は自然と湧き出してきます。梁の上を走る鼠は、睨み落として捕ります。それなのに、あの強い鼠は知らぬ間に近づき、跡も残さずに去っていきます。これはどういうことなのでしょうか」と言った。

古猫は次のように答えて言った。

「あなたが修練したのは、気が勢いに乗じて働くということだけなのです。それは自分を頼りにしているだけで、最も道理に適った気の働きではありません。自分が敵の気を破っていこうとすれば、敵もまたこちらの気を破ってきます。また、破ろうにも破れない気を持つ敵がいる場合はどうしますか。自分が敵の気を覆《おお》って押しつぶそうとすれば、敵もまた当方の気を覆ってきます。覆おうにも覆えない気を持つ敵がいる場合はどうしますか。どうして自分だけが強くて敵がみな弱いというようなことがありましょうか。あなたが、何のこだわりもなく実に剛健で、まるで天地に充満するかのように感じたものは、すべて気の現象なのです。孟子《もうし》の浩然《こうぜん》の気に似てはいますが、その実は異なります。孟子の浩然の気は心の明快さの下に剛健なのですが、あなたの気はただ勢いに乗じて剛健なだけなのです。それ故、その働きもまた同じではありません。両者の間には、黄河の常流と一夜の洪水の勢いくらいの相違があります。その上、気の勢いに屈しない者がいる場合はどうでしょうか。窮鼠《きゅうそ》猫を嚙《か》むということがあります。窮鼠は誰もあてにする者なしに必死に迫ります。生を忘れ、欲を忘れ、必ず勝つとも思わず、身の安全を守る心もない。だから、その志は金鉄のように強いのです。このような者を、どうして気の勢いによって屈服させることができましょうか。」

【注】

(1) 気然…気の状態。気は精神の働きを意味する言葉。
(2) 豁達至剛…豁達は四方がうち開ける意。至剛は至って強くかたい意。
(3) 浩然の気…浩然は水の盛んに流れるさま、転じて心が広くゆったりしているさま。浩然の気は、天地の間に満ち満ちている非常に盛んな精気、それは同時に俗事から解放された屈託のない心境を意味する。「孟子の浩然の気」は『天狗芸術論』巻之三、一〇五頁の注(4)参照。

【原文】

又灰毛の少し年たけたる猫静かに進みていふ。

仰せの如く気は旺《さか》んなりと雖《いえど》も象《かたち》あり。象あるものは微なりと雖も見つべし。我心を練ること久し。勢をなさず、物と争はず、相和して戻らず、彼強む時は、和して彼に添ふ。我が術は帷幕《いばく》(1)を以て礫《つぶて》を受くるが如し。強鼠ありと雖も、我に敵せんとして拠るべき所なし。然るに今日の鼠、勢にも屈せず、和に応ぜず、来往神の如し。我未だ此《かく》の如きを見ず。

古猫のいふ。

汝の和といふものは、自然の和にあらず、思うて和をなすものなり。敵の鋭気《えいき》をはづれんとすれども、僅《わず》かに念に渉《わた》れば、敵其気を知る。心を和すれば、気濁《にご》りて惰《だ》に近し。思ひてなす時は、自然の感をふさぐ。自然の感をふさぐ時は、妙用《みようよう》、何《いず》れより生ぜんや。只思ふこともなく、為すこともなく、感に随《したご》ふて動く時は我に象《かたち》なし。象なき時は、天下我に敵すべきものなし。

【訳文】

また、灰色の毛のやや年配の猫が静かに進み出て、次のように言った。

「おっしゃる通り、虎毛猫の気は旺盛であるとはいっても、その気配は象《かたち》に表れ、象のあるものはほんのわずかではあっても見取られるでしょう。わたしは長いあいだ心の修練をしております。勢い込むことはせず、他の者と争わず、相和してその状態を続け、特に相手が気を強める場合は和してその相手に寄り添います。わたしの術はいわば帷幕《いばく》で礫《つぶて》を受けるようなものです。強い鼠がいたところで、わたしに敵対しようとしても、敵対するための根拠がないのです。ところが、今日の鼠は、気の勢いにも屈伏せず、和にも応ぜず、往き来するさまはまるで神のようでした。わたしは未だこのような鼠を見たことがありません。」

古猫は次のように言った。

「あなたが和と言っているものは、自然の和ではなく、ある意図をもって和を為そうとするものです。敵の鋭気から外れようとしているけれども、たとえわずかでもそのような意図がはたらけば、敵はその気配を察知します。意図的に何かを行う場合は、自然の感覚を塞《ふさ》いでしまいます。そうかといって、意図的に和すれば、気が濁《にご》って惰性に近い状態に陥ります。意図的に何かを行う場合は、自然の感覚を塞いでしまいます。そして自然の感覚を塞いでしまった場合は、絶妙の機能は一体どこから生ずることになるのでしょうか。思うこともなく、意図的に動くこともなく、ただその時の感覚にしたがって自然に動く場合は、動く前にそれが象《かたち》に表れることはありません。象に表れることがない場合は、世の中、自分の敵となるものはないのです。」

【注】

（1）帷幕…垂れ絹と引き幕。帷幄《いあく》。転じて陣営、本陣。

【原文】

然《しか》りと雖《いえど》も、各々の修する処、悉《ことごと》く無用の事なりといふにはあらず。道器一貫(1)の儀なれば、所作の中に至理《しり》を含めり。気は一身の用をなすものなり。其気豁達《かったつ》なる時は、物に応ずる事窮《きわ》まりなく、和する時は力を闘はしめず、金石《きんせき》にあたりても、能《よ》く折ることなし。然りと雖も僅《わず》かに念慮に至れば、皆作意とす。道体(2)は自然にあらず。故に向ふもの心服せずして、我に敵するの心あり。我何の術をか用ひむや。無心にして自然に応ずるのみ。然りと雖も、道窮まりなし。我いふ処を以て至極《しごく》と思ふべからず。

昔我が隣郷に猫あり、終日眠りゐて気勢なし。木にて作りたる猫の如し。人その鼠を取りたるを見ず。然れども彼猫の至る処近辺に鼠なし。処を替えても然り。我行きて其故を問ふ。彼猫答へず。四度《よたび》問へども、四度答へず。答へざるにはあらず。答ふる処を知らざるなり。是を以て知る。知るものは言はず、いふものは知らざることを。彼猫は、己を忘れ物を忘れて物なきに帰す。神武《しんぶ》(3)にして殺さずといふものなり。我も亦彼に及ばざること遠し。

【訳文】

（古猫は続けて語った。）

「しかしながら、あなた方がそれぞれ修練したことはすべて無駄であったなどと言っているわけではありません。道理と気とは一貫したものですから、動作の中には至極もっともな道理が含まれているのです。気は身体のためにその役割を果たすものです。その気が闊達な場合は限りなく物事に応じますし、気が和する場合は力による闘いはなくなりますので、たとえ金属や岩石に当たっても折れるようなことはありません。しかしながら、たとえわずかにでも思慮思念するようなことがあれば、それらはみな作意です。道に適った本来の姿ではありません。そのために相手は心服せず、当方に対して敵愾心《てきがいしん》を懐《いだ》くことになるのです。ですから、わたしはいかなる術も用いません。無心に、そして自然に相手に応ずるだけです。そうは言っても、道には極まりがありません。わたしの言うことが究極のものであるとは思わないでください。

昔、隣村にある猫が住んでいました。その猫は一日中眠っていて元気がなく、木で作った猫のようでした。人々はその猫が鼠を捕ったところを見たことがありませんでした。しかしながら、その猫がいる所の近辺には鼠は一匹もいませんでした。猫が居場所を替えても、それは同じでした。わたしはその猫のところに行って、そのわけを尋ねました。しかし、その猫は答えませんでした。四度尋ねても、四度とも答えませんでした。いや、答えなかったのではなく、どう答えてよいのかわからなかったのです。このことによって、わたしは、知る者は言わず、言う者は知らないということを初めて知りました。その猫は自分を忘れ、物を忘れて、何のこだわりもなくなっていたのです。武徳の極限に達して、殺すようなことはしないということです。わたしもまた彼には遠く及ばないのです。」

【注】

(1) 道器一貫…道器は『易経』繋辞上伝にある語で、形而上の本体である道(=理)と形而下の現象である器(=気)との意、理気。もともとこの二つは一貫したものであるという思想。

(2) 道体…もとは道徳の本体の意で使われる語。

(3) 神武…神のようにすぐれた高い武徳。じんむ。

【原文】

勝軒夢の如く此言を聞いて出て、古猫に揖《ゆう》して曰く。(1)我剣術を修すること久し。未だ其道を極めず。今宵各々の論を聞いて我が道の極所《ごくしょ》を得たり。願はくは猶《なお》其奥義を示したまへ。

猫いふ。

否《いな》、我は獣《けだもの》なり。鼠は我が食なり。我何ぞ人のことを知らんや。然れ共われ窃《ひそか》に聞し事あり。

夫《それ》剣術は専ら人に勝つことを務むるにあらず、大変に臨みて生死《しょうじ》を明らかにするの術なり。士たるもの常に此心を養ひ、其術を修めずんばあるべからず。故に先づ生死の理に徹し、此心偏曲なく、不疑不惑、才覚思慮を用ゆる事なく、心気和平にして物なく、潭然《たんぜん》(2)として常ならば変に応ずること自在なるべし。

此心僅《わず》かに物ある時は状《かたち》あり、状《かたち》ある時は敵あり我あり、組《くみ》対して角《くら》ぶ。此《かく》の如きは変化の妙用自在ならず。我が心先づ死地に落入つて霊明《れいめい》を失ふ。何ぞ快《こころよ》く立つて明らかに勝負を決せん。仮令《たとえ》、勝ちたりとも、盲勝《めくらがち》といふものなり。剣術の本旨にあらず。

無物《むぶつ》とて、頑空《がんくう》(3)をいふにはあらず。心もと形なし。物を蓄ふべからず。僅かに蓄へる時は、気も亦其処に倚《よ》る。此気僅かに倚る時は、融通豁達《ゆうずうかったつ》(4)なること能《あた》はず。向ふ処は過にして向はざる所は不及なり。過なる時は勢ひ溢《あふ》れてとどむべからず。不及なる時は餒《う》ゑて用をなさず。共に変に応ずべからず。我が所謂《いわゆる》無物といふは、蓄へず倚らず、敵もなく我もなく物来るに随《したが》つて応じて迹《あと》なきのみ。

易《えき》に曰く、無レ思無レ為、寂然不動《せきぜんふどう》、感而遂通二於天下之故《こと》一(5)。

此の理を知つて剣術を学ぶ者は道に近し。

【訳文】

勝軒はまるで夢のような気持ちでこの話を聞いていたが、前に出て古猫に会釈して次のように言った。

「わたしは長い間剣術の修行をしてきましたが、未だにその道を極めていません。今晩、いろいろな持論を聞いていて、我が道の核心を摑《つか》みました。できればさらにその奥義をお示しくださるようお願いします。」

古猫は次のように言った。

「いや、わたしは獣です。鼠はわたしの食物です。どうしてわたしが人間のことを知っておりましょうか。けれども、ひそかに聞いたことがあります。

剣術というものは、もっぱら他人に勝つことのためだけに努力するものではなく、大変事に遭遇した場合に、生きるにしろ死ぬにしろ、それに明らかな形で対応するための術です。武士たる者は、常にこの心を養い、そのための術を修得しなければ存在する価値がありません。それ故、生死というものの真理を徹底的に理解し、その心が偏り曲がることなく、疑い惑うこともなく、才覚や思慮を働かせることもなく、心気相和し平穏であって、何のこだわりもなく、深く静かな状態を常に保っているならば、自由自在に変事に応じられるでありましょう。

その心にたとえわずかでもこだわりがある場合は形にあらわれ、形がある場合は敵あり我ありで、相対して争うことになります。このようなことでは自由自在に変化して素晴らしい働きをすることはできず、まず自分の心が死地に陥って心の優れた明らかさを失ってしまうのです。そのようなことでは、どうして快く立って明らかに勝負を決することができましょうか。たとえ勝ったとしても、それは何もわからないうちに勝ってしまったというものです。剣術本来の趣旨ではありません。

また何のこだわりもないということは、全くの空白ということではありません。心にはもともと形がないのです。何かを蓄えるべきではありません。たとえわずかでも何かを蓄える場合は、気もまたそこに寄りかかります。たとえわずかでも気が寄りかかる場合は、何の滞りもなく物事に対応することはできません。気が向かう処は過大となり、気が向かわない処は不足します。気が過大となる場合は勢いが余って止めることができません。気が不足する場合は要件が充たされず役に立ちません。どちらの場合も変事に対応することはできないのです。わたしが何のこだわりもないと言っているのは、心には何も蓄えず、気は何かに寄りかかることもなく、敵もなく我もなく、物事が迫り来れば適切に対応してその痕跡も残さないということなのです。

『易経《えききよう》』に「思うこと無く為すこと無し、寂然不動、感じて遂に天下の故《こと》に通ず。(何かを思うこともなく行うこともない。しずかな状態で動かない。そうすると感得するところがあって遂に天下の事柄に通暁する。)」という記述があります。

この道筋を知って剣術を学ぶ者は道理に近いのです。」

【注】

（1）揖す…会釈する。もともとは、両手を胸の前で組み合わせて上下し、または前におしすすめてする礼の作法。
（2）潭然…潭《たん》は深いこと。潭然は深く静かなさま。
（3）頑空…通常はかたくなにして空っぽの意。ここは全くの空《くう》の意。
（4）融通豁達…融通は融《と》け合って滞りなく通ずること。豁達は物事にこだわらないこと。
（5）無思無為…『易経』繋辞上伝にある。

【原文】

勝軒これを聞きて曰く、何をか敵なく我なしといふ。

猫曰く。

我あるが故に敵あり。我なければ敵なし。敵といふは、もと対待の名なり。陰陽水火の類のごとし。凡《およ》そ物、形象あるものは必ず対するものあり。我が心に象《かたち》なければ対するものなし。対するものなき時は比ぶるものなし。是を敵もなく我もなしといふ。心と象《かたち》と共に忘れて潭然《たんぜん》として無事なる時は、和して一なり。敵の形をやぶるといへども我も知らず、知らざるにはあらず、此《ここ》に念なく、感のままに動くのみ。

【訳文】

勝軒はこれを聞いて「敵もなく我もないとは、どのようなことを言うのでしょうか。」と質問した。

古猫は次のように言った。

「心の中に我があるから敵があるのです。我がなければ敵はないのです。敵というものは、もともと相対するものの名称です。陰陽とか水火という種類のものです。およそ物という物、形象のあるものには、必ず相対するものがあります。ところが、もし自分の心に何らかの象《かたち》がなければ、相対するものはありません。相対するものがない場合は、比べるものもありません。これを敵もなく我もないと言うのです。相手も自分も両方を忘れてしまって、深く静かに何事もない状態の時は、すべてが和して一つなのです。たとえ敵の形《かた》を破ったとしても自分ではわからない。いや、わからないのではなくて、そのことに意識を留めることがなく、ただ感ずるままに動いているのです。」

【原文】

此心潭然《たんぜん》として無事なる時は、世界は我が世界なり。是非好悪《ぜひこうあく》、執滞《しゅうたい》なきの謂《いい》なり。皆我が心より苦楽得失の境界と為す。天地広しと雖《いえど》も、心の外に求むべきものなし。

古人曰く。

眼裏有レ塵三界窄ク心頭無事一生寛。

眼中わづかに塵沙の入る時は眼開くこと能《あた》はず。元来物なくして明らかなる所へ、物を入るるが故にかくの如し。此の心のたとへなり。

【訳文】

（古猫は続けて語った。）

「この心が深く静かに何事もない状態の時には、世界が自分の心の世界となるのです。そこには是非や好悪も、執着や渋滞もないと言われています。苦楽、得失の感覚が入り込むこともありません。天地は広いとはいえ、それが心と一致しているので、心の外に求めるべきものはないのです。

昔の人が次のように言っています。

「眼裏《がんり》に塵《ちり》有れば三界窄《さんがいせま》く、心頭無事なれば一生寛《ひろ》し。（眼の中に塵が入っていれば世界は狭くなり、心に何もこだわりがなければ一生はゆったりとしたものとなる。）」

眼の中にわずかでも塵や砂が入った時は、眼を開くことができません。もともと何も異物がなくて明らかに見えていた眼の中に、異物を入れるからこんなことになるという話で、これは眼の働きを心の働きの例えとしたものです。」

【原文】

又曰く。

千万人の敵の中にあつて此の形は微塵《みじん》になるとも、此の心は我が物なり。大敵といへどもこれを如何《いかん》ともする能《あた》はず。孔子《こうし》曰く、匹夫も其志《こころざし》を奪ふべからずと。(1)若《も》し迷ふ時は此心却つて敵の助けとなる。我がいふ所此《ここ》に止まる。只自反して我に求むべし。師は其事《わざ》を伝へ、其理を暁《さと》すのみ。其真を得る事は我にあり。これを自得《じとく》といふ。以心伝心ともいふべし。教外別伝《きょうげべつでん》(2)ともいふべし。教へを背くといふにはあらず。師も伝ふること能はざるをいふなり。只禅学のみにあらず。聖人《せいじん》の心法より芸術の末に至るまで、自得の所は皆な以心伝心なり。教外別伝なり。

教へといふは、其の己にあつて自《みずか》ら見ること能はざる所を指して、知らしむるのみ。師よりこれを授くるにはあらず。教ふることもやすく、教へを聞く事もやすし。只己にある物を慥《たしか》に見付けて我が物にすること難し。これを見性《けんしょう》(3)といふ。悟《さとり》とは妄想《もうぞう》の夢のさめたるなり。覚《さとり》といふも同じ。かはりたることにはあらず。

【訳文】

古猫はまた次のように言った。

「一千万人の敵に囲まれて我が身が微塵に切り裂かれようとも、この心は自分のものです。いかなる大敵といえども、これはどうすることもできません。孔子は「相手が一人の男であったとしても、その志は奪うことはできない」と言っています。しかし、もし自分が迷う場合には、その心がかえって敵の助けとなります。わたしが言う事はここまでです。ただ、自ら省みて自分自身に答えを求めてください。

教えと言っても、師はその技を伝え、その道理を諭すだけです。その真意を得るのは自分自身です。これを自得と言います。以心伝心とも言うでしょう。教外別伝《きょうげべつでん》とも言うでしょう。それは教えに背くということではありません。師も伝えることができないことを言っているのです。それは禅宗に限りません。聖人の心法から武芸心術の末端に至るまで、自得することは皆、以心伝心なのです。教外別伝なのです。

教えということは、元々教えを受ける者の中にあって、その者が自身では見ることができない所を指摘して知らしめるだけのことなのです。師からこれを授けるということではありません。ですから、教えることも容易ですし、教えを聞くことも容易です。ただ、自分の中にある物を確かに見つけて、これを我が物とすることが難しいのです。これを見性《けんしょう》と言います。悟りとは、妄想の夢から覚めた状態のことです。覚りというものも同じです。これらは別物ではありません。」

【注】

（1）孔子曰く、匹夫も其志を奪ふべからず…『論語』子罕第九より。すなわち、「孔子曰く、三軍も帥《すい》を奪ふべきなり、匹夫も志を奪ふべからざるなり。」（孔子がおっしゃった、三軍という大軍の総大将すら奪うことはできる、しかし、相手が一人の男にすぎなくとも、その男の志は奪うことができない）。ちなみに、一軍の数は約一万二千五百人で、大諸侯の持ち得る軍勢を三軍といったという。その中軍の大将が帥であり、三軍の総大将を意味した。また、匹夫は低い身分の男を意味する場合もあるが、ここでは、「一人の男」の意。

（2）教外別伝…経典または言語などによらず、以心伝心を旨とする禅宗の教義。すなわち、直指《じきし》人心見性《にんしんけんしよう》 成仏《じようぶつ》という特別の伝。

（3）見性…仏教用語で、自分の心と向き合い、諸種の妄惑を照見して、本来固有の真性を見極めること。大悟徹底すること。

参考文献

『武道宝鑑』　大日本雄弁会講談社　昭和九年（昭和五〇年復刻版）
『天狗芸術論』　全四巻　享保十四年（国会図書館蔵）
『武術叢書』　早川純三郎編　八幡書店　大正四年（平成一五年復刻版）
『天狗芸術論』　栗山理一校注　春陽堂　昭和一七年
『新編　武術叢書　増補版』　武道書刊行会編　新人物往来社　平成七年
『新日本古典文学大系八一　田舎荘子』　中野三敏校注　岩波書店　平成二年
『新釈漢文大系　論語』　吉田賢抗著　明治書院　昭和三五年
『中国古典選　老子』　上下　福永光司著　吉川幸次郎監修　朝日文庫　昭和五三年
『荘子』　一―四　金谷治訳注　岩波文庫　昭和四六―五八年
『孟子』　上下　小林勝人訳注　岩波文庫　昭和四三―四七年
『大学・中庸』　金谷治訳注　岩波文庫　平成一〇年
『世界の大思想　論語・孟子・老子・荘子』　河出書房新社　昭和四三年
『易経』　上下　高田真治・後藤基巳訳　岩波文庫　昭和四四年
『ウパニシャッド』　辻直四郎著　講談社学術文庫　平成二年
『バウッダ［佛教］』　中村元・三枝充悳著　講談社学術文庫　平成二一年

あとがき

談義本《だんぎ》とは、江戸時代中期の正徳《しょうとく》五年（一七一五）に京都で刊行された増穂残口《ますほざんこう》著『艶道通鑑《えんどうつがん》』、享保《きょうほう》十二年（一七二七）に江戸で刊行された佚斎樗山《いっさいちょざん》著『田舎荘子《いなかそうじ》』などを皮切りに、以後、安永《あんえい》（一七七二―八一）の頃まで多く刊行された滑稽読物《こっけいよみもの》であるが、特に宝暦《ほうれき》二年（一七五二）に刊行された静観房好阿《じょうかんぼうこうあ》著『当世《いまよう》下手《へた》談義《だんぎ》』以後に刊行ブームが起きたといわれている。「談義」とはもともと、物事の道理を説き聞かせるという意味であり、風刺的な語り口や親しみやすい滑稽な語り口のなかにも貴重な教訓を含んでいることが特徴であった。初期の談義本ほど生真面目な傾向が強かったようである。

佚斎樗山は万治《まんじ》二年（一六五九）に生まれ、寛保《かんぽう》元年（一七四一）に没した人で、本名は丹羽《にわ》十郎右衛門《じゅうろうえもん》忠明《ただあき》といい、父定信《さだのぶ》の代から下総《しもうさ》国関宿《せきやど》藩の久世《くぜ》家に仕えていたという。文武両道に優れた人物であったらしい。陽明《ようめい》学者として著名な熊沢蕃山《くまざわばんざん》（一六一九―九一）がその著『大学或問《だいがくわくもん》』で幕府批判の咎《とが》を受け、同じ下総国の古河《こが》藩内に幽閉されて没しているが、佚斎樗山はその熊沢蕃山の影響を受けたといわれている。

佚斎樗山は、『田舎荘子』をはじめとして、『河伯井蛙文談《かはくせいあぶんだん》』『再来田舎一休《さいらいいなかいっきゅう》』などの代表作が、いわゆる「樗山七部の書」として知られる。本書掲載の「猫の妙術《ねこのみょうじゅつ》」はそのうちの『田舎荘子』のなかの一話である。『田舎荘子』はその名の示すように、荘子《そうし》の思想や説話を応用した談義本であり、「猫の妙術」にも『荘子《そうじ》』外篇、達生篇第十九の「木鶏」の話（本書一一二頁参照）が応用されている。「木鶏」が「木猫」に変身発展したのである。

『天狗芸術論《てんぐげいじゅつろん》』は、『田舎荘子』刊行の約二年後、享保十四年（一七二九）に刊行された談義本である。「芸術」といってもそれは「武芸・心術」を意味する言葉であり、『天狗芸術論』は武術書として高い評価を受けている。ただ、武術書ではあっても、技《わざ》についての記述はほとんどない。武術の精神面の問題、すなわち「気」と「心」の問題をメインテーマとして扱っているのである。

では実用性に乏しいのかといえば、けっしてそのようなことはない。技の修練によって気が研《みが》かれることを前提にしているのである。しかしながら、その技（体の動き）を制御するものが気であり、気は心の動きを伝えて体の動きを制御する、その意味で心は気の主であると説く。そして、その心の問題を解く鍵として、荘子や孔子《こうし》、孟子《もうし》の思想の本質がわかりやすく解説されている。佚斎樗山は『田舎荘子』の一話「荘子大意」のなかで、「それ仁義は人心自然の天徳なり」と説き、「荘子は聖門の別派なり」と説いているが、その内容をなすものがこの『天狗芸術論』に解説されているように思えてならない。

佚斎樗山はまた『天狗芸術論』の中で大天狗の口を借りて仏教思想にも触れている。そこで使われている「意識」という言葉は、仏教の「五蘊《ごうん》（色・受・想・行・識）」の行蘊《ぎょううん》と識蘊《しきうん》を指す言葉に他ならない。行蘊は一般に意志作用と、識蘊は一般に認識作用と解されているからである。大天狗は、仏教について問われると「吾《われ》しらず」と答えながら、「意識はもと知の用なり。にくむべきものにあらず。只《ただ》情を助けて本体をはなれ、みづから専らにすることをにくむのみ」と説いている。その意味するところは、「意識」は人の観念の形成作用なのであるから「意識」自体は憎み去るべきものではない、「意識」が私利私欲のはたらきを助け、本来は理に適《かな》った正しいはたらきをする心の本体を離れて、専ら自分自身の利益のためにはたらいてしまうことを憎むだけである、ということである。これは、当時の仏教思想に対して、荘子思想の立場というか、漢学者の立場からの見解を明示したものであろう。

本書の「天狗芸術論」と「猫の妙術」の原文は、私が学生時代に神田の古書店で購入した『武道宝鑑』（大日本雄弁会講談社、昭和九年発行）に掲載されていたものである。当時「天狗芸術論」を読んで、常日頃「打ったあと気を抜くな」とだけ思っていた「残心《ざんしん》」の真意と、ただ「気合いを入れろ」とだけ自分に言い聞かせていた「先《せん》」の真意をはじめて知り、衝撃を受けたことを今でも覚えている。当時よくいわれていた「剣禅一如《けんぜんいちにょ》」という言葉の意味を考え直してみる必要があると感じたのもやはりその時であった。懐かしい思い出である。

三、四年前、学生時代の剣道部の先輩と話をしているときに、この類の武術書が剣道の中高段者の方々に必ずしも広く読まれていないことを知った。少しでもお役に立てればと思い、現代語訳および付注を試みた次第である。

本書の刊行にあたっては、講談社学術図書第一出版部および校閲局の方々にたいへんお世話になった。この場を借りて厚く御礼を申し上げたい。ありがとうございました。

平成二十五年十二月十二日

石井邦夫

解説　初学者を極意に導く方法について

内田　樹

いったいどういう方たちがこの本を買うのでしょう。たぶん武道を稽古《けいこ》し始めて数年というくらいの人たちが購入者のヴォリュームゾーンではないかと思います。何十年も研鑽《けんさん》を積み、自身の弟子たちの指導をしているというような武道家はたぶん今さら本書をお求めにはならないでしょう（とうに座右に置いてあるはずですから）。また、武道をまったく嗜《たしな》んだことのない人のセンサーにもたぶん本書のタイトルはヒットしないはずです（なにしろ、「天狗」と「猫」の本ですからね）。

でも、武道を稽古して五年、十年という人々が、この本のタイトルを知らないということはありえません。読んでいないということはあるでしょうけれど、「いつかは読まねば」と思っていないということはありえない。

もし、あなたがかなりの年数にわたって武道を稽古してきたにもかかわらず、この二つの武芸伝書の話を、師匠からもまわりの道友の口からも「一度も聞いたことがない」としたら、あなたが稽古しているのは武道ではなく、なにか別のものです。それは『風姿花伝《ふうしかでん》』という書物の話をまわりの誰からも聞いたことがないという人が稽古している芸能はたぶん能《のう》楽《がく》ではないというのと同じくらい確実なことです。

武道家にとっての必読文献というものがあります。澤庵《たくあん》禅師の『太阿記《たいあき》』、『不動智神妙録《ふどうちしんみょうろく》』、柳生宗矩《やぎゅうむねのり》の『兵法家伝書《へいほうかでんしょ》』と並んで、この佚斎樗山の『天狗藝術論』と「猫の妙術」はたぶんそのリストの初めの方に掲げられるものです。

なぜ、この二つのテクストが江戸時代からひさしく武芸を志す者にとっての必読文献とされてきたのか、その理由について個人的意見を述べて本書の解説に代えたいと思います。

佚斎樗山は『天狗藝術論』の中で、当今の武芸者についてずいぶん手きびしい評言を下しています。

「今人情薄く、志《こころざし》切《せつ》ならず。少壮より労を厭《いと》ひ、簡を好み、小利を見て速やかにならんことを欲する」(三二頁)

今の人は速成を好む。面倒が嫌いで、楽をしたがり、「どうやったらさっさと巧くなれますか」と聞いてくる。「修行は薄く居ながら、天へも上《のぼ》る工夫をする」。少ない修業で効率的に極意に達することのできる費用対効果のよい稽古をしようとする。それが当今の趨勢《すうせい》である、そう佚斎樗山は嘆いています。三〇〇年ほど前の話です。「今時の若いものは」という嘆きの口ぶりは昔も今もほとんど変わらないことに驚かされます。

江戸時代の半ばにして、すでに武士たちは昔のように「いいから黙って修業しろ」というだけでは稽古に励まなくなってしまいました。しかたがないので、「師の方より途《みち》を啓《ひら》きて、初学の者にも其極則《そのごくそく》を説き聞かせ、其帰着する所をしめし、猶《なお》手を執《と》つて是《これ》をひく」教え方を採択せざるを得なくなった。師匠の方から手を差し伸べて、初心者に極意のありかを示し、手をひいてそこまで連れて行くような教え方をせねばならなくなった。この二冊は、そういう武芸修業者のレベルが落ちてきた状況の中で書かれた本なのです。そのことをまずお覚えください。これは初学者の「手を執って」曳いて行くための本なのです。佚斎樗山にしても、ほんとうはそんな面倒なことはしたくなかったのでしょうけれど、歴史的条件がそのような本の出現を要請したのです。

　でも、よく考えると、簡単な企図ではありません。

　極意というのは初学者に「はい、これが極意です」とお見せできるようなものではないからです。見せてもわからないし、説いてもわからない。極意を示したら、「おお、これが極意か」と会得できるためには、「極意を示されれば、それが極意であることがわかるレベル」まで達していなければならない。それは実はかなり高いレベルなのです。初学者をとりあえずそのレベルにまで引き上げなければならない。二段構えなのです。

　ですから、「まだ極意を会得はしていないが、示されればそれが極意であることがわかるレベル」まで初学者をどうやって連れて行くかということが喫緊の問題となります。

　極意が何かを知らない人間をあやまたず「極意のある方向」に導いてゆくにはどうすればいいのか。喩《たと》えて言えば、「京都がどこにあるか知らないで東京駅をうろうろしている旅行者を西行きの新幹線ホームにまで連れて行く」ようなことをしなければならない。

佚斎樗山のこの本がすぐれているのは、その点においてです。つまり、「京都がどこにあるか知らない旅行者」をとりあえず京都行きの新幹線に乗せてしまう。その実践的有効性において、本書は卓越している。

少なくとも、佚斎樗山以前の武芸伝書はそのような（言い方は失礼ですけれど）「レベルの低い武芸者」を何とか一人前に仕上げるというような切実なニーズに直面したことはありませんでした。戦国の世なら、レベルの低い武芸者はその辺でうろうろしているうちにすぐに死んでしまったからです。だから、気にかける必要もなかった。でも、江戸に幕府が開かれて平安の時代がすでに一〇〇年。武士たちにも、白刃をまじえる斬り合いの中で極意を会得するというような機会はなくなってしまいました。でも、先人が命がけで完成した武芸の伝統は継承されなければならない。そういう特異な歴史的状況が要請したのが「初心者フレンドリーな伝書」です。そんな本が書かれたのは日本武道史上たぶんこの時が最初です。ですから、著者はまったく独特の、それまでに前例のない構成上・文体上の工夫を余儀なくされました。

それは初心者を正しい方向にミスディレクトするという方法です。

「ミスディレクト」というのは「間違った方向に導く」ことですから、「正しい方向にミスディレクトする」という言い方は論理的に矛盾しているように聞こえるでしょうけれど、ほんとうにそうなのです。

もう一度さっきの比喩を使いますけれど、東京駅でうろうろしている旅行者を「正しい方向」に連れて行くために「京都はこっちだよ」と言ってもダメなんです。だって、「京都って何?」というレベルの旅行者なんですから。でも、とにかく西行きホームに連れて行かねばならない。見ると、どうもお腹が空いているようである。すると「駅弁買いたいんじゃない? 駅弁こっちだよ」と手を曳いて、西行きホーム近くの売店に導く。駅弁買ったら、「お茶がいるよね、やっぱり」と階段の上の自動販売機にひっぱってゆく……そういうふうに、初心者でもわかるそのつどの実践的な課題に解答するかにみせかけつつ、ほんとうの目的地に連れて行く。この「京都に連れて行くために駅弁屋に連れて行く」というのが、「正しい方向にミスディレクトする」ということです。おわかり頂けたでしょうか。

極意というのは、先人がそれだけの身銭を切って獲得した知見です。初学者がぱらぱらと本を読んだくらいで、「なるほど、そうか。相わかった」と膝を叩くというような安直なことは起こりません。それなりの手間暇をかけなければ「たいせつなこと」はわからない。でも、はじめから「手間暇がかかる」と言ってしまうと、「労を厭ひ、簡を好む」初学の人は「そんな面倒なことなら、僕はいいです」と修業を止めてしまう。それでは困る。そこで、初学者をして、それと気づかぬうちに、彼らの理解を絶した境地へ誘うための「仕掛け」を施したわけです。

正しい旅程を歩むために、初学者は大いなる迂回をしなければならない、というのが著者の教育戦略でした。

そのために「わかりにくいことを、わかりやすい言葉で書く」というテクスト戦略を著者は採用したのです。どうしてこの戦略が有効かと言うと、それは「わかりやすい言葉」が「レッドヘリング」として機能するからです。

「レッドヘリング」（赤い鰊《にしん》）というのはミステリーなどで読者を間違った解答へ導くミスディレクションのことです。もともとは狩りの用語です。狩猟犬を訓練するとき、赤い鰊を途中に仕掛けておきます。鰊の匂いにつられて、本来の獲物を追うのと違うコースに逸脱してしまった犬は飼い主にこっぴどく叱られます。「レッドヘリング」はあやまたず目標をめざして走る能力を育成するために、わざと仕掛けられているのです。

アルフレッド・ヒッチコックは「レッドヘリング」の名手でした。映画の前半で「いかにも犯人らしい人間」を前景に押し出し、観客自身に「謎解き」をさせるのです。観客は映画を観ながら「あ、こいつが犯人で、事件の真相はこうなのだ」と得心して、膝を打ち、「監督を出し抜いた」とほくそ笑みます。そして、これから後の物語が自分の予想通りの展開になることを予測して、わくわくしながら映画を観続けます。もちろん、映画はその後予想もしない大どんでん返しに突入して、観客は仰天させられることになるのですが、ヒッチコックは別に観客を愚弄してそんなことをしているわけではありません。これは観客への「敬意の表現」とまでは言わぬまでも、間違いなく「サービス」なのです。というのは、何も考えずにぼんやりプロットを追っている受動的な観客よりも、この「レッドヘリングにひっかかった観客」の方がはるかに深く映画に没入し、はるかに多くの映画的悦楽を享受することができるからです。「ミスディレクトされた観客」の方が、騙されなかった観客よりも遠く、深くまで映画の中に参入することができる。行き先を「勘違い」した旅人の方が、行き先がわからないでぼんやりしている旅人より歩みが速く、踏み込みが深い。

おわかりでしょうけれど、伝書における「わかりやすい言葉」は「レッドヘリング」なのです。「わかりにくいこと」を教えるときにわざと「わかりやすい言葉」を使うのは、初学者を「ミスディレクト」するためなのです。「なるほど、修業の目的はこの方向なのだな。わかった！」と膝を打たせるためにわかりやすい言葉、つまり誤読されやすい言葉をちりばめている。

久しく座右にあった伝書を取り上げて読んでみたときに、一〇年前と同じような読み方しかできないということは、どんな凡庸な武道家にもありえません。必ず「自分は何と浅い読み方しかしていなかったのだろう」とひとり赤面することになります。必ず、なります。それが伝書の効用です。「わかった」と「ひとり赤面」を繰り返す。その反復を通じて修業者はしだいに武道修業の要諦について自得してゆきます。

それは、自分がわかったつもりでいることはだいたい間違っているということです。

これが武道修業者が繰り返し、骨身にしみて会得しなければならない修業上の大原則です。

本書収録の二篇はいずれも「読んで、わかったつもりになる」ための本です。それでよいのです。何年かして、読み返して、以前の自分の「わかったつもり」に赤面すればいい。それを何度も繰り返せばよいのです。そのために書かれた本なんですから。

『天狗藝術論』も「猫の妙術」も、中学修了程度の古文の知識があれば読めます。出てくる鍵語の大半も日常語です。「所作」も「気勢」も「無心」も「自然」も「精神」も、僕たちはその語義を熟知しているものとしてふだん用いています。ですから、初学者は必ず現代語の語義を当てはめてこれを読みます。自分の知っている言葉が「現代語の語義とはまったく違う意味」で使われている可能性を吟味したりはしません。

　ですから、逆説的なことですけれど、「意味がわかりそうな箇所」が伝書を読むときのピットフォールなのです。「自分の日常感覚の延長でなんとなく類推できること」についての話はうっかりわかったつもりにならない方がいい。逆に、「自分の日常感覚ではまったく類推できないこと」については、気にしなくていい。そこにはピットフォールもないし、レッドヘリングも仕掛けられていないからです。例えば、「存在しないもの」についての記述はまるごと信じて構いません。

「大天狗と覚《おぼ》しくて、鼻もさして長からず、羽翼《うよく》も甚だ見《あらわ》れず、衣冠正しく座上にありて」（三一頁）とか「猫ども彼家に集まり、彼の古猫《ふるねこ》を座上に請《しょう》じ、いづれも前に跪《ひざまず》き」（一五六頁）とかいう箇所は「ああそうですか」とすらすら読み進んで構いません。衣冠をつけた大天狗や上座から説教を垂れる老猫などというものは存在しないからです。とりあえず私たちの日常生活には存在しないし、佚斎樗山がこのテクストを書いていたときの読者たちの日常生活にも存在していません。存在しないものについて書かれた箇所には誤解の余地がありません。存在しないものについては、人は誤解を招くような書き方をすることができません。当然のことです。私たちが誤解できるのは、「正しい理解」と「間違った理解」が併存する場合だけだからです。「衣冠をつけた大天狗」について読者がどんな形象を脳裏に思い浮かべようと、そのうちのどれかが正しく、どれかが間違っているということは誰にも権利上判定できません。「嘘」には誤解の余地がない。だから、そういうところは読み飛ばしても大丈夫。でも、それ以外の箇所は全部「謎」です。すべてが「レッドヘリング」であるというくらいの警戒心を持って読む方がいいです。

でも、繰り返し言うように「レッドヘリング」に騙されて、自分なりの「読み筋」を作り上げるというのは、修業上の必然なのです。騙されて、誤読して、いいんです。そのために書かれた本なんですから。

そういう迂回をスキップして、「レッドヘリングなどにまどわされたくない、まっすぐに極意に達したい」と望むことこそ、佚斎樗山の言う「労を厭ひ、簡を好む」ことに他ならず、まさに初学者の初学者たる所以なのです。

僕が書いているこの解説ももちろんこの二篇の解説としては間違っています。間違っているに決まっている。

僕程度の武道家に、こんなに簡単に「解説」されてしまうような文書が三〇〇年も読み継がれているはずがありませんからね。でも、それでいいんです。修業というのは「オープンエンド」なんですから。

（神戸女学院大学名誉教授・武道家）

佚斎樗山（いっさい　ちょざん）

万治2年（1659）—寛保元年（1741）。江戸時代の談義本作者。本名は丹羽十郎右衛門忠明。下総国関宿藩の久世家に仕える。おもな著作に「田舎荘子」「河伯井蛙文談」「再来田舎一休」などがある。

石井邦夫（いしい　くにお）

1938年茨城県古河市生まれ。東京大学法学部卒。在学中は剣道部に所属。日本精工㈱に勤務し，法務部長等を務めた。

講談社学術文庫

定価はカバーに表示してあります。

天狗《てんぐ》芸術論《げいじゆつろん》・猫《ねこ》の妙術《みようじゆつ》 全訳注

佚斎樗山《いつさいちよざん》／石井邦夫《いしいくにお》 訳注

2014年2月10日　第1刷発行
2021年3月23日　第10刷発行

発行者　渡瀬昌彦
発行所　株式会社講談社
東京都文京区音羽2-12-21 〒112-8001
電話　編集（03）5395-3512
販売（03）5395-4415
業務（03）5395-3615
装　幀　蟹江征治
印　刷　豊国印刷株式会社
製　本　株式会社国宝社
本文データ制作　講談社デジタル製作

ISBN978-4-06-292218-0

「講談社学術文庫」の刊行に当たって

これは、学術をポケットに入れることをモットーとして生まれた文庫である。学術は少年の心を養い、成年の心を満たす。その学術がポケットにはいる形で、万人のものになることは、生涯教育をうたう現代の理想である。

こうした考え方は、学術を巨大な城のように見る世間の常識に反するかもしれない。また、一部の人たちからは、学術の権威をおとすものと非難されるかもしれない。しかし、それはいずれも学術の新しい在り方を解しないものといわざるをえない。

学術は、まず魔術への挑戦から始まった。やがて、いわゆる常識をつぎつぎに改めていった。学術の権威は、幾百年、幾千年にわたる、苦しい戦いの成果である。こうしてきずきあげられた城が、一見して近づきがたいものにうつるのは、そのためである。しかし、学術の権威を、その形の上だけで判断してはならない。その生成のあとをかえりみれば、その根は常に人々の生活の中にあった。学術が大きな力たりうるのはそのためであって、生活をはなれた学術は、どこにもない。

開かれた社会といわれる現代にとって、これはまったく自明である。生活と学術との間に、もし距離があるとすれば、何をおいてもこれを埋めねばならない。もしこの距離が形の上の迷信からきているとすれば、その迷信をうち破らねばならぬ。

学術文庫は、内外の迷信を打破し、学術のために新しい天地をひらく意図をもって生まれた。文庫という小さい形と、学術という壮大な城とが、完全に両立するためには、なおいくらかの時を必要とするであろう。しかし、学術をポケットにした社会が、人間の生活にとってより豊かな社会であることは、たしかである。そうした社会の実現のために、文庫の世界に新しいジャンルを加えることができれば幸いである。

一九七六年六月

野間省一